跟著 港劇

經典&熱門場景全紀錄

遊香港。

100張以上精彩劇照，
400個以上景點圖片，
看港劇·遊香港
給你不一樣的香港旅行
特別收錄散步小地圖，
讓你跟著走，也不怕走錯路！

朱雀文化

跟著港劇體驗
香港殖民文化的魅力

2004年5月《尋找港劇達人》這本書的誕生，讓我有機會把自己對港劇的熱愛寫成一本經典港劇全紀錄，跟散佈在各個角落的港劇迷一起分享，我不知道台灣現在還有多少人像我一樣，到現在還這麼愛看港劇，無論這些同好只是愛在心裡口難開，或是把曾經年少的青春回憶放在心裡的某個角落，但我相信看過這本書的人，都會跟我一樣，邊看邊露出會心的一笑！

很多朋友問我，港劇最經典的部分都被你寫完了，接下來愛港劇的你，還有什麼寶是可以挖出來的？這個問題真的把我考倒了！有一天我翻開筆記本，看看我的港劇筆記裡面還記錄了些什麼，突然間我發現原來我寫了很多港劇曾出現過的地方，包括維多利亞港的海濱步道、皇后碼頭、蘭桂坊、廟街等，還有許多地方是經常出現在港劇裡的，覺得很眼熟，卻不知道這究竟是哪裡。因此我花了一年的時間整理，找出港劇中最常出現的香港景點、建築物、街道、飲食，讓港劇迷或是想去香港旅遊的人，皆能以另外一種角度，跟著港劇遊香港，跳脫以往到香港只能去購物的印象。

香港的電影工業，因為造就出許多國際級的華人巨星，因此電影也被視為香港旅遊的魅力之一，曾經跟一些同樣愛看港劇的人聊過，許多人第一次出國旅遊大多都是去香港，因為看了港劇之後，都很想親自去體會劇中主角走過的地方、品嚐香港的美食，事實上港劇呈現香港人的生活型態比電影更加細膩，因為電視劇的觀眾對象即為一般家庭觀眾，一部至少二十集的戲劇，除了故事主題，融入當地的人文風情、生活風貌是絕對必要的，當然觀眾在看這部戲時，劇中主角的一言一行必須要與真實社會型態相呼應，才能引起深刻的共鳴。

我看港劇的時間超過二十年，深深體會到港劇一直真實呈現香港的「Life Style」，這也是為何海外觀眾看過港劇之後都想到香港旅遊的原因，包括港劇在不同年代，題材的變遷都是跟著香港的社會型態變化而走，90年代後期開始，港劇的故事題材由企業豪門鬥爭慢慢轉變成以各行各業為主，這跟香港回歸中國有關，雖

然香港為特別行政區，但換了新政府，小市民自然只想關心自己的生活問題，藉由電視劇，可以投射出心中最真實的想法。

近幾年來因為台灣流行韓劇，我也試著同時觀賞，韓國因為韓劇在海外的熱播，直接帶動韓國的觀光業、影視工業、電子產品業，突然韓國旅遊變得熱門，韓國泡菜、彩妝、衣服、飾品、科技產品都成為搶手貨，因為韓劇中同樣呈現韓國人的生活型態、家庭及社會觀念，可見電視劇的Life Style對一個國家的「外銷」影響有多大。

有人說港劇演來演去，外景場景怎麼差不多都是那幾個地方，劇中的主角早上到茶樓飲茶、下午喝奶茶吃蛋撻，晚上一定要喝煲湯，宵夜又要喝糖水，警匪劇、法庭戲永遠是最常出現的戲碼，這不是編劇偷懶，而是香港人平常就是這樣生活的！舉例來說，香港的電影及電視劇非常喜歡拍攝警察與黑社會的故事，而且二十幾年不退燒，莫非香港黑社會特別多？我是沒比較過真實數字，但在港劇的警匪劇中，有一個警隊組織叫「O記」，全名為「三合會及有組織罪案調查科」，這不是編劇自己編出來的，而是香港的警隊組織真有這個部門，專門打擊有組織的幫會犯罪，由這點推論，我們只能說，也許香港黑幫真的很多，也有可能香港政府對於組織犯罪的重視。

曾經是英國殖民地的香港，最有趣的地方，就是直到現在建築物、街道、飲食、語言、交通工具，都還深深的保有殖民地的風情，華洋交錯、中西文化合併，使得香港成為動感之都，這一切也都成為電視劇最佳運用的題材，與其說要讀者跟著港劇遊香港，還不如說，一個土生土長的台灣人，因為從小看港劇長大，希望藉由自己從港劇中觀察香港的生活文化，帶著大家一起深刻體驗香港殖民文化的魅力，當你走在香港的每條街道上，品嘗每一種美食，都能藉由港劇的畫面，聯想到這個地方的歷史、這個地方對香港人的意義，相信這樣的旅遊方式，絕對比導遊介紹得口沫橫飛還要來得印象深刻，因為，這是你用自己的方式去體驗一個似曾相識的城市。

羅生門

CONTENTS 跟著港劇遊香港

作者序　跟著港劇體驗
　　　　香港殖民文化的魅力

香港島。

10　**西港城** 徘徊在電車軌上的失意探長《爭分奪秒》
　　順便一遊：蔘茸藥材街、海味街

14　**港島電車** 古天樂錯怪殺兄仇人搭電車沉思《創世紀》

17　**摩羅上街** 尋覓和合二仙再續情緣《翡翠戀曲》
　　順便一遊：文武廟

20　**樓梯街** 長梯接續親情與愛情的衝突《女人唔易做》

23　**蓮香樓** 香港獨特的飲茶文化
　　順便一遊：陳意齋

28　**蘭桂坊** 撫平專業醫生的感情傷痛《妙手仁心》

31　**都爹利街石階** 女廚師的朱古力情緣《情謎黑森林》

33　**立法會大樓** 女法官時時謹記泰美斯女神像的精神《老婆大人》
　　順便一遊：皇后像廣場

38　**皇后碼頭** 警匪槍戰片、愛情倫理劇必拍景點《法證先鋒》
　　順便一遊：搭古帆船「鴨靈號」遊維多利亞港
　　　　　　　中銀大廈、國際金融中心二期

42 香港大會堂 結婚戲碼必拍的大會堂《1996年天地男兒》

44 太平山 山頂俯瞰維港夜景，港劇慣用的轉場畫面《妙手仁心III》

灣仔

48 會展中心‧博覽花園海濱步道‧金紫荊廣場 夜景‧海景
談情說愛的浪漫步道

跑馬地

52 跑馬地馬場 夢想家之地《馬場大亨》

銅鑼灣

56 時代廣場 靜夜街頭散佈離愁《妙手仁心III》
順便一遊：羅素街池記雲吞

59 世貿中心廣場 聖誕夜中尋覓緣份《創世紀》

62 海洋公園 童真‧親子，溫情劇碼的必備場景

64 淺水灣 戲水‧談心‧示愛的迷人泳灘
順便一遊：影灣園

赤柱

68 赤柱 純樸的華洋小鎮故事—《飛短留長父子兵》

CONTENTS 跟著港劇遊香港

九龍半島。

尖沙咀

76　星光大道 香港「東方好萊塢」的魅力見證
順便一遊：柏麗購物大道

80　鐘樓‧海濱步道 港劇拍攝人氣場景第 1 名

84　海港城 瘋狂購物‧賞海景‧看星光

旺角

88　朗豪坊 名副其實的《天幕下戀人》
順便一遊：西洋菜南街、女人街、恭和堂涼茶舖

油麻地

94　廟街‧油麻地警署‧玉器市場
懷舊特色街道‧香港平民夜總會
順便一遊：美都餐室

屯門

98　黃金海岸 藝術·遊艇·購物 港劇外景新寵

黃大仙

102　黃大仙廟 菜鳥導遊領內陸團遊覽搞笑記《開心賓館》

林村

104　林村許願樹 親情·愛情都靠一顆大樹帶來希望《智勇新警界》

西貢

106　西貢 碼頭‧海濱 細細品嘗愛與愁《法證先鋒》
順便一遊：滿記甜品

| 將軍澳 | 112 | TVB電視城 港劇的製造中心 |

| 深水埗 | 116 | 鴨寮街 二手電器大王興衰史《翻新大少》 |

離島。

| 青衣 | 120 | 青馬大橋 往返機場與市區的唯一道路 |

| 大嶼山 | 122 | 香港赤鱲角國際機場 飛機升降牽動情緣《衝上雲霄》 |

順便一遊：昂平
寶蓮寺（天壇大佛）·心經簡林

| 大澳 | 126 | 大澳 純樸水鄉的蝦膏情緣─《大澳的天空》 |

| 南丫島 | 130 | 南丫島 |

探尋人間美味與真情─《美味情緣》
順便一遊：港外線碼頭

附錄

| | 136 | 香港旅遊資訊 |

| | 150 | 港劇生活用話快譯通：廣東話與普通話對照表 |

跟著港劇遊香港

香港島。

香港島－華洋交雜的殖民地風情，懷舊的街道，
林立現代摩登建築物，由九龍經由維多利亞港眺望，
香港島的夜景美的令人嘆為觀止，那是一種靜止的感動。

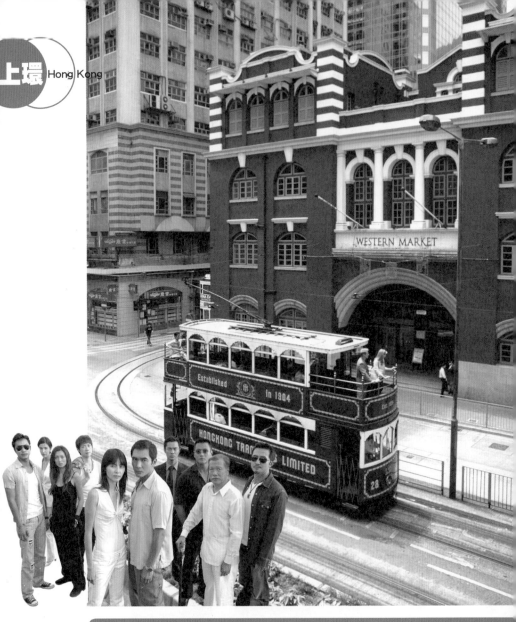

WESTERN MARKET

Established in 1904

HONGKONG TRAMWAYS LIMITED

28

徘徊在電車軌上的失意探長《爭分奪秒》

西港城

一棟愛德華式的建築，一份濃郁的老香港氣味，繁忙的電車軌道。

淡黃色的年代

站在西港城的對面，由大轉彎的電車軌道向四周環顧，一種華洋交錯的懷舊氛圍，頓時由四面八方映入眼簾，即使是大白天，總覺得西港城的四周看起來如同蓋上一層淡黃色的色片，也許這就是百年來未曾磨滅，遺留至今的老香港幻影！

時間與空間的無力交錯

第一次看到西港城是在港劇《爭分奪秒》中，一直想當個「順風」警察的馮志偉（方中信），在一次的休假中，突然在夜晚被叫到旺角調查一樁命案，由於宿醉未醒，被嫌犯擊傷暈倒，醒來發現佩槍不見，開始陰錯陽差的捲入臥底警察楊啓東（譚耀文）與黑幫老大侯文華（魏駿傑）及其情人彭慧（蒙嘉慧）的複雜多角關係中，身不由己的被黑幫老大追殺及栽贓嫁禍，從警察變成賊，他一個人站在西港城旁的電車軌道上，一種強烈的無力感與夜晚空無一人的電車軌道重重交疊，有如天下之大竟無我容身之處的寫照。

History 歷史小幫手

建於1858年的西港城，原是香港郵政局，採用英國愛德華式建築風格，以紅磚砌成、花崗石為底；1906年改建為上環街市的北面大樓，而後在1980年因上環街市興建港島地鐵線而遷出舊址，於1990年被港英政府列為法定古蹟，1991年整修後改為小型購物商場，現今西港城為呈現老香港的風味，商場中的店舖皆以傳統行業及工藝品為主，布綢、老風味主題餐廳、工藝品店林立，想體驗老香港風味，走入西港城絕不會讓你失望。

玩家 Tips

西港城就位於電車上環街市站旁，建議遊客可以在逛完西港城及周邊的荷李活道、摩羅上街、蔘茸燕窩街（永樂街、文咸東街）、海味街（德輔道西）後，搭乘電車遊港島，體驗百年特色交通工具及欣賞港島市區風光。

循著劇中氛圍散步

由摩羅上街走到皇后大道中再右轉沿著摩利臣街走到西港城，看著一輛輛不同顏色的電車在我眼前穿越，路上行人並不多，但電車總站卻排滿了人群，由腦海中再重溯《爭分奪秒》中那位徘徊在電車軌道上的失意探長，感覺很接近了，但我覺得如果在晚上，味道一定更好！

Information 資訊情報站

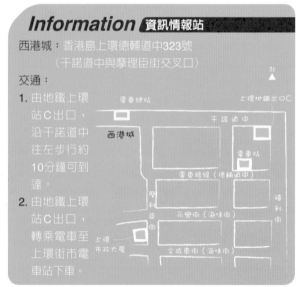

西港城：香港島上環德輔道中323號
（干諾道中與摩理臣街交叉口）

交通：

1. 由地鐵上環站C出口，沿干諾道中往左步行約10分鐘可到達。

2. 由地鐵上環站C出口，轉乘電車至上環街市電車站下車。

順便一遊。

挑選海味記得貨比三家

「廣隆行」的大閘蟹遠近馳名

海味街

在西港城附近有幾條特色街道，包括「蔘茸燕窩街」(永樂街、文咸東街)、「海味街」(德輔道西)，整條街賣的全部都是藥材、海味等，這是香港島南北貨的集中地，有如台灣的迪化街，香港煲湯及廣式料理的材料都在這裡，記得慢慢挑選，貨比三家喔！

花膠、魚翅是香港人最愛的煲湯食材

各式海味乾貨令人目不暇給

古天樂錯怪殺兄仇人搭電車沉思 《創世紀》

港島電車

叮！叮！叮！走在香港島的街頭，經常聽到這個清脆悅耳的聲音，這可不是小販的叫賣車，是電車的鈴聲！電車在街頭行駛時會發出叮叮的聲音，所以香港人通常稱搭乘電車為「搭叮叮」。

香港最有特色的交通工具

　　對於繁忙的香港人來說，電車是通勤族便宜又便利的交通工具，對於外來的遊客，電車卻是一種香港殖民風情的代言，而在港劇裡面電車卻經常成為動態的道具，因為它可以呈現劇中人物孤單、痛苦、回憶、沉思甚至是細細品味甜蜜愛情的好地方，所以我說電車上交錯著酸甜苦辣的畫面！

搭電車 港劇裡的寫實生活

在《創世紀》中，一心只想報復，被仇恨蒙蔽雙眼及良心的張自力（古天樂）一直認為葉榮添（羅嘉良）是害死他大哥許文彪（陳錦鴻）的兇手，因此想盡辦法打擊與報復，直到有一天他由馬志強（郭晉安）的口中得知，原來許文彪是服食藥物過量致死，他完全無法相信甚至不願相信他錯恨一個人這麼久，於是他獨自坐上電車，腦海中不停重複著大哥的死狀及多年來為報復葉榮添所做的一切，包括出賣自己最愛的人田寧（蔡少芬）。

在上下班的尖峰時間，你可能會在電車站附近，看到有人為了趕車而追著電車跑，《翡翠戀曲》中，也出現過相同的畫面，擔任珠寶設計師的莫希兒（陳慧珊）為了追坐在電車上的的姨婆，手裡抱著文件，不停追著電車跑，結果文件袋裡的珠寶設計圖掉了滿地。

History 歷史小幫手

港島電車至今已有百年的歷史，1904年首批電車開始在港島行駛，當時只有26輛電車，車種分為頭等及三等車，前者為密閉式設計，每輛車可載客32人，後者為開放式設計，可載客48人，全部都是單層車。

1910年電車行駛初期，許多香港居民以為電車會自行轉彎避開行人，所以聽到叮叮聲時不予理會，經常發生交通意外，1912年開始引進雙層電車，上層沒有車蓋，後來因氣候因素加上木造車蓋，即為現在電車的造型。

穿梭在城市裡的香港記憶

　　電車只行駛於香港島，路線覆蓋於港島北面，由堅尼地城至筲箕灣一帶，全長13公里，範圍包括：上環、中環、金鐘、灣仔、跑馬地、銅鑼灣、北角，每天平均載客量為24萬人次，是港島很重要的大眾運輸工具，電車至今沿用30、40年代的設計，但是每輛車的車身外型都會漆上不同的顏色或是成為大型的動態廣告。

　　百年的電車與車軌、現代化的外型，由上環的電車總站往中環方向行駛，穿越上環及西環的老舊唐樓、中環及金鐘的現代摩登建築，電車是一種古今交錯的風貌！

Information 資訊情報站

香港電車公司旅客服務電話：
002-852-25487102
http://www.hktramways.com
電車路程所需時間表：
電車班次（以下時間僅作參考，會因交通狀況而改變）

電車路線圖 Tram Route Map

西環及上環 Western District & Sheung Wan

堅尼地城 Kennedy Town
- 堅尼地城總站 Kennedy Town Terminus
- 吉席街 Catchick Street
- 東邊街/西邊街 Eastern Street/ Western Street

屈地街 Whitty Street
- 屈地街總站 Whitty Street Terminus
- 干諾道西 Connaught Road West

上環街市 Western Market
- 上環街市總站 Western Market Terminus

中環及金鐘 Central & Admiralty

上環地鐵站 Sheung Wan MTR Station
- 德輔道中 Des Voeux Road Central
- 租庇利街 Jubilee Street/ 機利文街 Gilman Street

中環地鐵站 Central MTR Station
- 畢打街 Pedder Street
- 雪廠街 Ice House Street
- 立法會大樓 Legislative Council Building/ 匯豐銀行總行 HSBC Main Building

金鐘地鐵站 Admiralty MTR Station
- 金鐘道 Queensway

灣仔,銅鑼灣及跑馬地 Wanchai, Causeway Bay & Happy Valley

灣仔地鐵站 Wanchai MTR Station
- 摩利臣山道 Morrison Hill Road/ 天樂里 Tin Lok Lane
- 修頓運動場 Southern Playground
- 杜老誌道 Tonnochy Road
- 堅拿道西 Canal Road West

跑馬地 Happy Valley
跑馬地總站 Happy Valley Terminus
黃泥涌道 Wong Nai Chung Road

港鐵藍街(時代廣場) Percival Street (Times Square)
銅鑼灣地鐵站 Causeway Bay MTR Station
炮台山地鐵站 Fortress Hill MTR Station
- 怡和街 Yee Wo Street/ 百德新街 Paterson Street
- 銅鑼灣總站 Causeway Bay Terminus
- 維多利亞公園 Victoria Park/ 香港中央圖書館 Hong Kong Central Library
- 炮台山道 Fortress Hill Road

北角及鰂魚涌 North Point & Quarry Bay

北角 North Point
北角地鐵站 North Point MTR Station
- 春映街 Chun Yeung Street
- 北角道 North Point Road
- 北角總站 North Point Terminus
- 書局街 Shu Kuk Street

鰂魚涌地鐵站 Quarry Bay MTR Station
- 健康西街、東街 Healthy Street West and East
- 柏架山道 Mount Parker Road

太古城及筲箕灣 Taikoo Shing & Shau Kei Wan

太古地鐵站 Tai Koo MTR Station
- 康山道 Kornhill Road

西灣河地鐵站 Sai Wan Ho MTR Station
- 太康街 Tai Hong Street

筲箕灣地鐵站 Shau Kei Wan MTR Station
- 柴灣道 Chai Wan Road

筲箕灣 Shau Kei Wan
- 筲箕灣總站 Shau Kei Wan Terminus

香港電車有限公司 Hongkong Tramways Limited

尋覓和合二仙再續情緣《翡翠戀曲》

摩羅上街

在充滿老香港氣味的上環，狹小的街道中，通常都能找到一些驚喜！

舊貨集散尋寶去

　　夾在荷李活道與皇后大道中之間的「摩羅上街」，短短的一條巷，裡面卻隱藏著尋寶的樂趣，一間間的小店，賣的全是玉器、陶瓷、銅佛、書畫、漆器等，價位不高，但可以殺價，你會發現在這條街中，大部分都是外國人在找尋舊貨、紀念品，因此也稱為「貓街」（Cat Street），舊貨市場之意！曾經跟香港人聊過摩羅上街，發現當地人到此一遊的興趣不大，除非有特別尋找某個東西。

尋回遺失的
另一半慰終生

　　對摩羅上街的認識是從港劇《翡翠戀曲》中，珠寶設計師莫希兒（陳慧珊）其姨婆跟初戀情人的訂情之物（和合二仙），不見了另一半「拾得」，姨婆希望在有生之年找到「拾得」，讓「和合二仙」可以重新結合，莫希兒從九龍的玉器市場開始尋找，曾試圖買了一個「和合二仙」將它打成二半後，把「拾得」交給姨婆，但被眼尖的姨婆說：「你騙我，這都不是我不見的拾得！」最後希兒與姨婆來到荷李活道、摩羅上街繼續找，依然還是找不到「拾得」，姨婆在失望之餘坐在摩羅上街旁的樓梯街上，難過自己生命即將結束，如果找不到「拾得」將會帶著遺憾！

Information
資訊情報站

摩羅上街：香港島上環皇后大道中與荷李活道之間

交通：由地鐵上環站Ａ2出口，永樂街左轉，沿著禧利街再右轉皇后大道中，左轉沿著樓梯街走，步行5分鐘可到達。

玩家 *Tips*

　　摩羅上街隱身在荷李活道及皇后大道中，你可以從皇后大道中，由樓梯街往荷李活道的方向走，在樓梯街的中間就會看到摩羅上街，先逛摩羅上街後，再繼續往上走到荷李活道，先參觀一下文武廟，再逛一下古董街荷李活道。

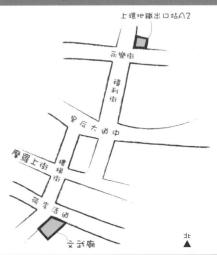

摩羅街分成摩羅上街與摩羅下街，兩條短街並不相連，舊貨市場則集中在摩羅上街。摩羅是香港人對印度人的稱呼，英文街名Lascar是指以前的東印度海員，在早期印度及香港同屬英國殖民地，許多頭上纏布條、腰間掛匕首的錫克族印籍人士受僱於東印度公司成為海員或低職職員，後來部分的錫克族人落籍香港，並聚居在此條街上，直到1920年代末期，華人漸增，使得原居於此的印度人移居，將此發展成出售二手舊貨雜物的「夜冷」（舊貨市場）。

順便一遊。

文武廟

荷李活道是香港最古老的街道之一，接近樓梯街的文武廟，建於1847年，是香港最有歷史的廟宇之一，廟中供奉文昌帝君及關聖武帝，平日香火鼎盛，是香港島的信仰中心，廟內最古老的文物是由信眾於道光30年（1850年）捐贈的兩條大石柱以及道光27年（1847年）所鑄的銅鐘。

地點：香港島上環荷李活道124號

交通：由地鐵上環站A2出口，左轉永樂街，沿著禧利街，再右轉皇后大道中，左轉樓梯街往上走到荷李活道，步行10分鐘可到達。

玩古齋寶裕
YUE PO CHAI ANTIQUE CO.
IMPORT & EXPORT . WHOLESALE & RETAIL

長梯接續親情與愛情的衝突 《女人唔易做》

樓梯街

港劇裡常常出現一幕幕爬長樓梯的畫面，不禁讓人想著，香港到底有多少像這樣的樓梯呢？

香港印象的長樓梯

在港劇與香港電影中，經常看到一條很長的舊樓梯，許多人沿著樓梯來往行走，男女主角沿樓梯而下談情說愛或是一對父女、母女手上提著東西，邊走邊聊天、警察追著嫌犯跑，這裡就是位於上環的「樓梯街」！取名為「樓梯街」顧名思義，就是一條都是樓梯的街道，樓梯街沿著皇后大道中起，順山勢而上，經過摩羅街、荷李活道、四方街、必列者四街至堅道終止。

皇后大道中轉進樓梯街的一段

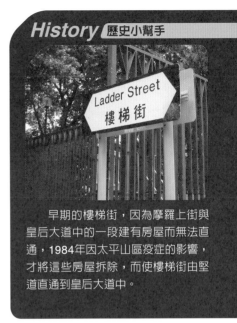

History 歷史小幫手

早期的樓梯街，因為摩羅上街與皇后大道中的一段建有房屋而無法直通，1984年因太平山區疫症的影響，才將這些房屋拆除，而使樓梯街由堅道直通到皇后大道中。

Information 資訊情報站

樓梯街：香港島上環堅道往下走至皇后大道中終止。

交通：由地鐵上環站A2出口，左轉永樂街，沿禧利街直走，再右轉皇后大道中，左轉沿著樓梯街往上直走。

階梯上的親情與愛情

　　港劇《女人唔易做》中，高志玲（吳美珩）的家就是在樓梯街上，她每天上班出入都要走過這條長樓梯，劇中高志玲生長在非常傳統及大男人的家庭，父親、哥哥、弟弟都有嚴重的大男人主義，當志玲的家人得知，惡劣的前夫有婚外情、又對她說謊的事後，志玲的爸爸、哥哥追著前夫在樓梯街上跑，此時志玲的爸爸對她說：「回家吧！」志玲留下歡喜的眼淚，因為婚姻失敗終於獲得家人的諒解。志玲後來又與小她七歲的齊寬（林峰）相戀，這段姊弟戀又掀起另一波家庭革命，齊寬親自到高家宣示戀情，但不被全家人接受，所以他每天早上偷偷的到樓梯街接志玲上班，一看到她父親又趕快放手，深怕在樓梯街又引起第二次家庭風暴。

玩家 *Tips*

　　沿著樓梯街順山勢往上走，就會經過摩羅街、荷李活道。如果你要全程走完樓梯街可是需要不錯的腳力喔！建議你可以由皇后大道中轉入樓梯街往上走，途中會遇到摩羅上街，體驗一下尋寶樂趣，接著再沿樓梯街往上走就會看到文武廟，廟前就是荷李活道，可看看古董字畫，如果有餘力再繼續往上走到必列者士街左轉進入後在前往士丹頓街的方向中，途中會遇到鴨巴甸街，這裡就是電影《三更之回家》的拍攝地點，沿著士丹頓街往中環的方向走，可以體驗一下「中山史蹟徑」，興中會的舊址就在士丹頓街15號。

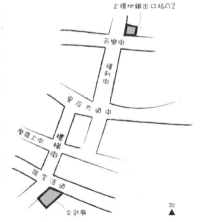

香港獨特的飲茶文化

蓮香樓

世界只要有華人的地方就必定有港式飲茶的存在，通常香港人說「飲茶」不是只有喝茶，意即飽餐一頓，所以如果有香港人說要請你飲茶，就是要吃飯！我們經常在港劇裡面看到，老人家一大早就要到茶樓喝早茶，而年輕人要負責跑去佔位子。

從茶樓學習道地的飲茶文化

　　香港四處都有茶樓，但來到上環一定要體驗什麼是真正的港式飲茶！已經有80年歷史的「蓮香樓」當然是首選。當我走進蓮香樓時，只能用傻眼兩個字來形容，每桌都坐滿了人，走道狹小到要側身才能走過，不時有提著茶壺及推著點心車的服務生大聲的要你讓路，沒有人會幫你帶位，請自己找位置，搶位子的狀況已經到了「見縫插針」的地步；最有趣的是，在找位子的過程中，發現每桌坐在一起的人，幾乎都不是結伴同行，也就是說別想要自己一桌；對於一些外來的觀光客自然覺得不習慣，但對香港人來說「搭檯」是一件很普通的事，這也是香港一般餐廳或小吃店的文化，另一個讓我訝異的奇景就是，當我坐下來後，發現同桌的人幾乎人手一份報紙或雜誌，放眼望去整個茶樓的人都在做同樣的事，心想這麼擠、這麼吵、桌面這麼亂，如何能邊喝茶邊看報紙，還可以眼明手快的發現「點心車」推近，快步跑過拿點心。我不得不佩服香港人，可以在這麼擁擠的用餐環境中，同時拿點心、喝茶、看報紙，而且還能「從容不迫」，而我這個外來的觀光客在整個用餐的過程中從找位子、搶點心，只能用戰戰兢兢來形容，所以想到蓮香樓體驗香港飲茶文化的人，得要有心理準備。相信在你看過我的用餐心得之後，應該可以理出一套品味蓮香樓的教戰守則！

方便的點心紙

感覺上，到蓮香樓飲個茶真是辛苦，幹嘛不換個舒服一點的地方呢？但是當我開始品嘗到蓮香樓的各式茶點，我只能說它的美味還是會讓你擠得心甘情願。當你找到好位子坐下時，服務生會問你要喝什麼茶？要整壺還是蓋杯？並且給你一張「點心紙」，接著你會看到走道上一台台的點心車推進，你可以大聲問推車的服務生，有什麼點心？如果有你想吃的，就直接告訴他，並且把你手上的「點心紙」交給他，服務生會在上面蓋章，用完餐後就可以帶著「點心紙」到櫃台買單囉！

玩家 Tips

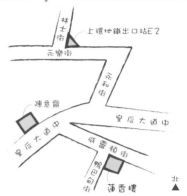

蓮香樓距離摩羅上街、荷李活道、樓梯街、西港城、文武廟不遠，步行15分鐘內皆可到達，因此建議你可以先到蓮香樓飲完茶飽餐一頓後再開始步行去逛以上的景點，在離開上環之前，還可到古早零食店陳意齋帶些手信送給親友，陳意齋就在蓮香樓的隔壁街，非常近！

History 歷史小幫手

蓮香樓的前身為廣州糕酥館，主要製作與販售糕點，店中首創以蓮蓉餡料做糕點，因「蓮」與「連」同音，正式更名為連香樓。宣統三年翰林學士陳如品嘗過連香樓的蓮香月餅後，在店內提字蓮香樓，因而得名。1910年被當時的茶樓王譚新義收購，蓮香樓轉型為茶樓，並四處聯絡媒人給予謝酬，向辦喜事的家庭推銷蓮香樓製作的糖果禮餅，使得蓮香餅食馳名廣州。1918年蓮香樓在九龍的旺角及港島的皇后大道中開設分店並命名為省港蓮香樓；1980年遷往港島中環威靈頓街117至121號一棟三層樓高的戰前舊樓，1996年才遷到現址。

數不完的茶點美食

珍珠雞

蓮香樓的茶點多到無法細數，每一種都風味獨特、不油不膩、料好實在，且價位平實，每個人平均消費約40元港幣，腸粉、牛肉丸、清蒸蘿蔔糕、鳳爪、珍珠雞（糯米雞）、蝦餃、燒賣、腐皮捲、馬拉糕等，都非常值得品嘗，特別推薦「雞紮」（腐皮捲雞肉、香菇、豬肉）、「豬肝燒賣」、「豬肚燒賣」、「蓮蓉包」、「炸雲吞」等，此處的另一特色，就是服務生平均年齡都在50歲以上，倒茶的著白色唐裝黑長褲，推點心的著藍色襯衣黑長褲，這也是早期香港茶樓的標準服裝，與現今茶樓著西裝襯衫有很大的不同。

Information
資訊情報站

蓮香樓：香港島上環威靈頓街160~164號

電話：
002-852-2544-4556

營業時間：
06:00AM~23:00
（茶市06:00~16:00）

交通：由地鐵上環站E2出口，步行10分鐘可到達。

服務生推著點心車

雞紮，牛肉丸

燕窩糕　　　　　蝦子紮蹄（周潤發的最愛）

薏米餅

招牌杏仁餅　　　　蝦子花生，甘草檸檬，鹹旦散

陳意齋

　　已經有70多年歷史的陳意齋，賣的是早期香港人最愛的平民「小食」，而這些小食都是源自於廣東佛山，有部分是第一代老闆娘的獨創，店內最受歡迎的小食包括「燕窩糕」、「薏米餅」、「杏仁餅」、「蝦子紮蹄」、「盲公餅」等，數十種的古早小食、趣味懷舊的包裝，令人食指大動，同時充滿著尋寶的樂趣，小小的店面卻充滿著無數的驚奇，香港著名美食家蔡瀾、作家張小嫻及影帝周潤發，都非常喜歡光顧這裡，尤其是「發哥」都會到這裡辦年貨，「蝦子紮蹄」就是他的最愛！港劇《刑事情報科》中，邵美琪為母親四處遍尋的「七姊話梅」，就是在陳意齋找到的，劇中沒有特別強調，只有來過陳意齋的人才會發現。

地點：香港島上環皇后大道中199號

電話：002-852-25430779

營業時間：週一至週六09:00~19:00　週日09:00~18:00

交通：由地鐵「上環站」A2出口，步行5分鐘可到達。

撫平專業醫生的感情傷痛 《妙手仁心》

蘭桂坊

香港的夜景美，蘭桂坊的夜生活更美！中環是香港的商業中心，白天路上人潮川流不息，到了夜晚中環街頭人煙稀少，但隱身在中環德己立街的蘭桂坊卻是愈夜愈美麗，蘭桂坊與香港的時尚夜生活畫上等號！

週末的蘭桂坊聚集許多洋人

生活型態的象徵

在港劇中，蘭桂坊幾乎成了每部時裝劇必出現的場景，因為在夜裡想約朋友喝東西聊天，自然會跑到蘭桂坊，尤其是詮釋專業人士的戲碼，例如醫生、律師、商場人士等，呈現他們的夜生活就是到蘭桂坊喝點小酒，以凸顯他們的生活品味，但如果是警匪動作劇，警察的夜生活就會跑到大排檔或茶餐廳！

《妙手仁心》裡的固定場景

《妙手仁心》系列影集，劇中的醫生，每天在下班之後必定在蘭桂坊的某間酒吧集合，在《妙手仁心III》裡，黎國柱（林保怡）、林敏智（吳啟華）、程至美（陳豪）在一間名為AFTER FIVE喝酒，由於黎國柱與林敏智同時愛上骨科醫生葉淘（吳美珩），兩人互視對方為情敵，表面和氣但內心不服，正好談到一個話題，彼此意見分歧，在走出酒吧後，就提議比賽看誰先跑到停車場，兩位大醫生就在蘭桂坊跑了起來！

History 歷史小幫手

蘭桂坊是中環其中一條超過百年的老街，以前蘭桂坊一帶只是幾條普通的街道，居住了許多以「媒人」做為職業的女性，因此被稱為「媒人巷」或「紅娘巷」，到了80年代，加拿大籍商人盛智文有感於在香港生活的外國人缺乏社交場所，因此投資了3,200萬港幣購入整幢大廈，並將它改成西式餐館，漸漸帶旺蘭桂坊一帶，也因此被稱為「蘭桂坊之父」，而在1978年開幕的著名同性戀舞場「Disco Disco」因成為國際聞名的同性戀集中地，更加速蘭桂坊的發展。

名人‧狗仔‧異國人種

　　在現實生活中，蘭桂坊每天晚上都擠滿了各式各樣的人，而這裡也是香港外國人最多的地方，地區呈現L型的蘭桂坊地方不大，卻擠了40多家的夜店，五光十色的不夜天，經常發現藝人、模特兒的蹤影，當然此處的狗仔隊也特別多，據聞此處的「97 BAR」就是香港娛樂圈名人的集散地！

進入蘭桂坊路口的地標、港劇《酒店風雲》的轉場畫面

Information 資訊情報站

蘭桂坊約有40多家的餐廳、酒吧，欲前往朝聖者，可先到蘭桂坊的網站看一下特色店家的介紹http://www.lankwaifong.com

蘭桂坊：香港島中環雲咸街與德己立街之間

交通：由港島地鐵中環站D2出口，沿德己立街直行步行3分鐘。由地鐵站出口，往蘭桂坊德己立街的入口處。此街口也是《酒店風雲》常出現的轉場畫面。

北▲

戲院里

中環地鐵站出口D2

皇后大道中

士丹利街

雲咸街

威靈頓道

德己立街

蘭桂坊

女廚師的巧克力情緣

都爹利街石階

一段不是很長的石階，左右兩旁各立了兩支煤氣燈，只是這麼簡單，但都爹利街石階卻成為許多港劇迷想去朝聖的地方，因為大家都想去走走看這段石階的魅力，順便體驗一下港劇中，男女主角由這段石階所堆砌出來的愛情故事！

尋找劇中的Gateau

在《情謎黑森林》中，一心想成為糕餅師傅的唐霜（胡杏兒）來到著名的糕餅店學藝，而她的師父正是擁有「餅神」美譽的高根（馬德鐘），這位餅神性格高傲，嚴肅不苟言笑，由於他天生體溫低於常人，因此又被稱為「冷凍之手」，這樣的特質，使他擅於雕塑各式的巧克力糕點，全劇的主要場景Gateau糕餅店就是在都爹利石階的下方，因此唐霜在學藝過程中數度被師父處罰，心情不佳的拉著表姊坐在石階上談心，而首次靜下心傾聽師父與兒子之間的感情，也是在這個石階上！事實上Gateau的招牌只是拍攝此劇時，劇組掛上去的，真正在都爹利街上，是沒有這家店的！

香港僅存的煤氣燈

　　都爹利街本身是一條小街，只有一端可以通車，在與雪廠街相連之處，建有一條花崗石樓梯與四支煤氣燈，石階建於1875至1889年間，煤氣燈真正安裝時間不詳，但最早的紀錄是在1922年，1948年被重新啓用，屬於雙燈泡羅徹斯特款式，全香港其餘的煤氣街燈在1968年以後，全部被電燈取代，1979年此處被列為法定古蹟，現在這四支煤氣燈會在每晚6點亮燈到隔天早上6點熄燈，由自動開關控制。

昏黃的燈光帶出迷離的劇情

　　由於都爹利街的煤氣燈是傍晚6點開始亮燈，因此這段石階氣氛最佳的時刻是晚上！它可以是感情加溫的浪漫氣氛，也可以是情侶分手泛著淡淡離愁之意，1992年由黎明主演的科幻

推理劇《原振俠》，其中有一場原振俠（黎明）與女特工海棠（王菲）逃避敵人追殺的戲碼，也是在半夜時分於此處拍攝，兩人就站在石階最上方的煤氣燈旁！

玩家 Tips

　　都爹利石階只是一個散步、留影的地方，除非你生性浪漫，想坐在石上看著月光品嘗一杯咖啡，否則在這裡是無法待太久的，因此建議你不妨先到「蘭桂坊」體驗完熱鬧的夜生活後，沿著德己立街順著山勢往上走到雲咸街再往上走到荷李活道後，左轉雪廠街就能到達都爹利石階的入口處，這段距離不會很遠，慢慢走需要15分鐘，而且沿途都會有指標，途中會經過法定古蹟「藝穗會」，還能拍個到此一遊照，最重要的是這段路程的街景很美！

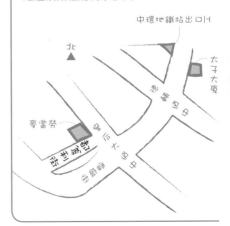

Information 資訊情報站

都爹利街：香港島中環都爹利街（皇后大道中以南與雪廠街之間）
交通：由香港島地鐵中環站H出口，沿雪廠街步行至都爹利街，10分鐘可到達。

女法官時時謹記泰美斯女神像的精神 《壹號皇庭》

立法會大樓

在以律師為主題的法庭劇中，一定會出現立法會大樓、最高法院兩個場景，尤其是立法會大樓樓頂的泰美斯女神像，這在法庭劇中是一個非常重要的「道具」！

律師們的精神指標

90年代大受歡迎的時裝劇《壹號皇庭》系列，劇中就經常以立法會大樓及泰美斯女神像做為轉場畫面，泰美斯女神像右手持劍、左手持天秤、雙眼蒙布，象徵不偏不倚、公正無私的法律精神。在《老婆大人》中，女法官高希敏（宣萱），為了把正確的法律精神傳授給初入行的檢控官梁昕昕（李詩韻），特別把她帶到立法會大樓的泰美斯女神像前告訴他「法律之下人人平等」無論是何種層級的人，都應該受到法律的保護，並提起小時候曾被誣賴偷竊，當時一位女法官讓她獲得公平的裁決，也因為這件事令她立志成為一位好的法官。

《識法代言人》的劇集封面也以非常清晰的泰美斯女神像做為全劇的精神象徵。

立法會的浪漫長廊

立法會感覺上像是一個嚴肅的地方，但它同時也是遇見浪漫愛情的場所！立法會的一樓有一個長廊，從黃昏開始就會打開黃色的燈光，到了晚上許多情侶就在這長廊上散步，在整條長廊泛著黃光，靜謐的氣氛中，充滿著復古的浪漫氛圍，在《壹號皇庭》中，幾位律師經常在晚上漫步在這條長廊上，談著在律師工作外的感情世界；在《衝上雲霄》中，飾演機師

的唐亦琛（吳鎮宇）於一年後再度與空姐樂以珊（陳慧珊）相逢，但以珊已經是凌雲志（馬德鐘）的女友，三人相約吃飯後亦琛與以珊獨自回家，兩人走過立法會長廊，並擦身而過。

Information 資訊情報站

立法會大樓：香港島中環晨臣道8號

交通：由地鐵中環站K出口，往左步行2分鐘

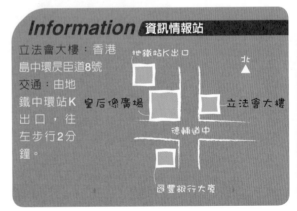

夜晚的立法會大樓

入夜後感受安靜的氛圍

　　要同時感受立法會莊嚴與浪漫兩種氣氛，晚上是最好的時間，因為立法會位於中環，是香港的商業中心，白天人來人往皆是上班族，但是入夜之後，人比較少了，燈光不會很明亮，坐在旁邊的皇后像廣場，可以同時看到立法會與中銀大廈兩棟復古與摩登建築物一前一後並立的美麗景象。

立法會的結構

　　立法會位於香港島中環的心臟地帶，在遮打道與干諾道之間，毗鄰大會堂、皇后像廣場、抗戰勝利紀念碑及匯豐銀行總行大廈；前身為最高法院大樓，俗稱「大葛樓」（「葛」為COURT的粵語譯音，大葛即為SUPEREME COURT），其外型雄偉，屋頂是為一個大圓頂，由一系列花崗石柱支撐，建築設計融合中國、英國、希臘風格，呈現新古典主義，由英國倫敦webb and bell建築事務所設計，樓高兩層，內有會議大堂及辦公室。

立法會大樓背後為「中銀大樓」

History 歷史小幫手

　　1903年興建完成，1984年列為法定古蹟。1970年興建地下鐵，工程影響法院大樓結構，1985年最高法院遷往灣仔法院道，舊址開始修葺，並啟用為立法局大樓，是供議員討論政府政策、制訂法律的機關，1997年改為立法會大樓。

香港律師的分別

看香港的法庭戲，除了解立法會大樓，第二個聯想就是香港律師的服裝，通常我們在港劇中看到的律師，都是身著黑長袍頭戴白色假鬢髮，但有些律師只著黑長袍但不戴白色假鬢髮，兩者有何分別呢？

事務律師

工作性質

監督財產的授與、管理遺產、草擬遺囑及處理有關僱傭、婚姻、公司註冊的法律問題，準備聆訊工作，例如接見證人及簽發令狀；當事人可直接與律師接洽。「事務律師」能為市民進行訴訟的案件只能是在「裁判署」或「區域法院」的初級法院代表當事人出庭，一旦案件須打到高等法院，除非是在內庭聆訊，否則須要轉聘大律師出庭辯護。

出庭服裝

黑色長袍，長袍的袖子較短

大律師

工作性質

主要是代表當事人出庭抗辯，必須以當事人的利益作依歸，絕不能考慮個人的利益或對其他人的後果。大律師又稱為「大狀」（bar），工作範圍包括諮詢、辦案的準備、出庭；一般的民眾不能直接聘請大律師，必須要先由「事務律師」承接，如此案須打到「高等法院」再轉聘大律師接手。

出庭服裝

1.黑色長袍

長袍的袖子較長，長袍前有一條黑帶連接到背後一個小袋上，這象徵著律師收取酬金，要盡力為委託人辯護。

2.白色鬢髮帽（馬毛編織）

用來掩飾大律師個人的身分，使法官不會因為大律師的年齡、性別、外表而左右了裁判，同時也象徵大律師不以個人的身分出庭，能在訴訟中保持客觀、公平。

順便一遊。

《爭分奪秒》魏駿傑、方中信

皇后像廣場

　　在立法會大樓旁的皇后像廣場無論在白天或夜晚都是一個散心聊天的好地方。皇后像廣場原名中央廣場，1880年填海而生，1897年為慶祝英女皇維多利亞在位60周年，香港政府鑄造女皇銅像，安置於中央廣場，並更名為皇后像廣場，稱為「皇后像」而不是「女皇像」，皆因早期香港誤以為女皇就是皇后，「皇后大道」就是另一個例子。

　　1906年為表揚銀行家匯豐銀行總經理昃臣對香港經濟的貢獻，所以在廣場內設立昃臣的銅像，不過現今廣場內只剩下昃臣的銅像，因為英女皇銅像在香港日治時期被移往日本，二次大戰後獲得歸還，1951年之後移到興建完成的「維多利亞公園」。警匪動作劇《爭分奪秒》中，就有一場警察與黑幫鬥智的大場面在此拍攝。

　　皇后像廣場在假日時因聚集大批的外籍勞工，所以被傳媒喻為「賓妹廣場」，但在1990年「人權法」通過後，為免種族歧視，已不敢大肆的在報章上採用這個名詞，不過私底下，香港市民還是會以此開玩笑！

警匪槍戰片、愛情倫理劇必拍景點

皇后碼頭

歹徒跑著，警察追著，不知不覺得就追到了碼頭邊，這是港劇裡常會看到的一幕，到底是追了多遠呢？原來碼頭不遠，就坐落在市區裡！

警匪追逐戰的終點

　　皇后碼頭是警匪動作劇中一定會出現的場景，大批警察追著嫌犯滿街跑，最後會追到皇后碼頭，這時警察會拿著槍指著嫌犯，走投無路的嫌犯最終都會選擇跳海，英勇一點的警察大都跟著跳海捉犯人。在《法證先鋒》中，重案組女督察梁小柔（蒙嘉慧），為了捉拿疑犯一躍由皇后碼頭跳入維多利亞港，這一跳也讓原本不服她的手下，見識到這位女長官的膽識。

除了警匪動作劇，近期的時裝劇中，皇后碼頭也成為偶遇、談心、定情、談情、情變、分手、敵人談判密謀的重要場景，但因應劇情的動態或靜態於皇后碼頭取景的時間也會有所不同，通常警察追嫌犯都會在白天，而談情、談心、談判都會選在晚上。在《法證先鋒》中，女督察梁小柔失戀心情不佳，與同僚飲酒消愁，在回家的路上遇到法醫古澤琛（林文龍），兩人就由都爹利街石階散步到皇后碼頭，古澤琛加以安慰，而這段情節也令兩人友誼加溫！

城市裡的渡船口

香港碼頭眾多，往返港島、九龍、離島的渡輪，已經成為市民生活中重要的交通工具，碼頭就在市區裡也是香港的特色之一，因此香港的電視劇特別喜愛在碼頭拍戲，平時的皇后碼頭除了搭乘觀光渡輪（例如：鴨靈號），也供小型遊艇、快艇靠岸以便上下客，屬於一個公眾碼頭，同時也有許多愛好攝影者，在此拍攝維多利亞港的景色及中環的特色建築物。站在皇后碼頭的左手邊就能近距離拍攝到香港最高的建築物「國際金融中心二期」的全景！

History 歷史小幫手

皇后碼頭位於愛丁堡廣場旁，面對維多利亞港，是一座可供小型船隻泊岸上下客的公眾碼頭；首座皇后碼頭建於1925年，其位置是在現今皇后像廣場與文華東方酒店附近，1953年中環進行填海工程，皇后碼頭與天星碼頭一同被搬到現址；殖民地時代，皇后碼頭是香港政府官員與英國皇室成員專屬使用的碼頭，過去歷任港督上任的傳統，是乘坐港督遊艇「慕蓮夫人號」抵達中環，在皇后碼頭上岸，並在旁邊的愛丁堡廣場舉行歡迎及閱兵就職儀式。不過「皇后碼頭」因填海工程已2006年11月11日關閉成為歷史。

Information 資訊情報站

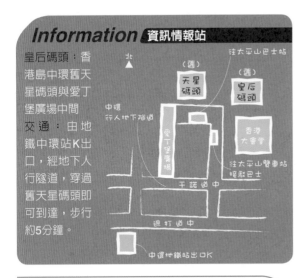

皇后碼頭：香港島中環舊天星碼頭與愛丁堡廣場中間

交通：由地鐵中環站K出口，經地下人行隧道，穿過舊天星碼頭即可到達，步行約5分鐘。

玩家 Tips

　　由地鐵中環站K出口，四周皆是可散步看夜景的好去處，同時也包含多個港劇重要拍攝景點！首先，走出地鐵站左手邊便是立法會大樓、皇后像廣場，接著穿越地下人行隧道（經常有電視劇在此拍攝），會先到達舊天星碼頭，路邊就是中環重要的巴士總站，往赤柱、海洋公園、太平山頂的巴士皆由此上車，特別注意一下在計程車停靠處的「富豪雪糕車」，花2元港幣就能吃到香濃的好吃甜筒；另外站在路邊仔細轉一下角度，就能看到中銀大廈的全景，一定要拍攝下來！皇后碼頭的旁邊就是愛丁堡廣場與香港大會堂，此處白天經常會看到新人拍攝婚紗照，到了夜晚又是談心拍拖的熱點！

※由於天星碼頭與皇后碼頭已在2006年11月11日因填海工而關閉，新的碼頭遷往中環港外線碼頭成為「中環碼頭」。

順便一遊

港島摩登建築「國際金融中心二期」

　　樓高420公尺，為香港第一高樓、世界第六高樓，2003年完工，樓高88層，連同金融中心一期皆為世界級設計大師Cesar Pelli所設計，地下有商場相連，底層又有20分鐘直達機場的「機場快線站」，因此大廈內有不少國際級的金融機構及香港多間的大型上市公司進駐，樓高與背後的554公尺的太平山非常接近。

中式古帆船「鴨靈號」

　　搭乘鴨靈號遊維多利亞港，是一個非常特別的行程，航行時間約1小時，以圓圈的路線繞行維多利亞港一周，可360度觀賞港邊風光！

　　仿照150多年前，往來於香港水域的大型中式帆船「鴨靈號」，它是昔日漁民出海捕魚的工具，長約60呎，1955年開始航行於維多利亞港，原為中國漁民所有，1980年重新修復，並維持其經典的外觀，它見證了香港從一個小漁村成為今日國際大都會的歷史。

　　搭乘鴨靈號是完全免費的，只要致電到香港旅遊局登記即可，由於只有每週四、六航行，每次開船限30人搭乘，因此要碰運氣才能搭得到喔！

航行班次：

尖沙咀九龍公眾碼頭上船——每週四14:00、16:00各一班，每週六10:00、12:00各一班。

尖沙咀九龍公眾碼頭位於天星碼頭左方，地鐵尖沙咀站E出口，穿過人行隧道後，取道天星碼頭出口。

報名：香港旅遊發展局旅客諮詢及服務中心

002-852-25081234

港島摩登建築物「中銀大廈」

　　由美籍華裔建築師貝聿銘所設計的中銀大廈，是港島另一棟知名建築物，1982年開始籌備，1990年5月17日正式啓用，樓高368公尺（好彩頭之意）72層，造型靈感來自中國的竹子，新竹破竹而出，採新筍節節上升之意，象徵銀行業務蒸蒸日上，三角柱體的外型及現代玻璃帷幕，呈現躍動的幾何圖形；中銀大廈的特殊造型也引發一場風水爭議，香港人認為中銀大廈的外型如同一把刀，其中一面刀鋒直指當時的「港督府」（今香港禮賓府），後來港督府在面向中銀大廈的方向種植柳樹以擋殺氣。

香港大會堂
香港島 中環

結婚戲碼必拍的大會堂 《1996年天地男兒》

香港大會堂

由於香港大會堂設有音樂廳、劇院，因此常有藝術表演活動，所以在電視劇中，如果演出劇中人物相約聽音樂會、看話劇舞台劇，必定來到香港大會堂。

文藝愛情劇的特選場景

香港大會堂前的紀念花園廣場，幾乎每一部時裝劇都會出現這個場景，因為此處偌大的花園廣場，寬闊的人行步道、充滿文化氣息的建築物，很適合拿來當做拍攝的場景。在紀念花園的廣場上有一排行人座椅，經常成為電視劇拍攝的固定道具，在行人座椅的後方有一條鋪滿草皮的浪漫小徑，《愛情全保》中，兩位極愛面子的頂

尖保險業務員谷若晞（吳美珩）、郭富強（陳錦鴻），本是互看不對眼的鬥氣冤家，但是當兩人設計出「愛情保單」後，漸漸走在一起，草皮步道就是兩人一同走過愛情的地方。

到大會堂感受濃濃的文化氣息

大會堂廣場在電視劇中有一個最大的功能就是拍攝結婚戲，因為大會堂設有婚姻註冊處，來此註冊結婚的新人，都會順便在外面的廣場拍照留念，在《女人唔易做》中，齊寬（林峰）先斬後奏登記結婚，一人站在婚姻註冊處前等待高志玲（吳美珩）的到來！

在《隨時候命》中，因車禍而失憶的急診室醫師康友嵐（佘詩曼）和同事到大會堂看舞台劇，因為覺得太悶而獨自跑出來透氣，突然接到一直心繫於她的高可風（鄭伊健）來電，原來兩人都在大會堂看表演，遂走到外面的廣場散步。

Information 資訊情報站

香港大會堂：香港島中環愛丁堡廣場5號

交通：

1. 由港島地鐵中環站K出口，穿過人行地下隧道，經過舊天星碼頭往舊皇后碼頭方向步行，10分鐘可到達。

2. 由尖沙咀天星碼頭搭乘天星小輪在中環碼頭下船，步行3分鐘即可到達。

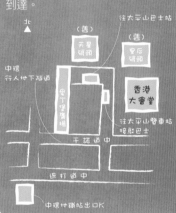

History 歷史小幫手

1962年落成的香港大會堂，是香港首座公共文化娛樂中心，佔地11,100平方公尺，由兩座獨立的建築物及一個紀念花園組成，包浩斯（Bauhaus）建築風格，打破了50年代前香港廣泛使用的維多利亞式風格。

香港大會堂設有音樂廳、劇院、圖書館、展覽廳等公共設施，以及辦理結婚登記手續的「婚姻註冊處」，因此在大會堂前的廣場經常看見結婚的新人在此拍結婚照。

山頂俯瞰維港夜景，港劇慣用的轉場畫面

太平山

維多利亞港與香港島的夜景，除了由尖沙咀的海濱步道、龍翔道觀景台觀賞
外，香港島的最高峰太平山也是絕佳的觀賞點，可以同時看到九龍半島與香港
島包圍維多利亞港的美麗港灣。

港劇裡的轉場畫面

　　以醫生為故事背景主題的《妙手仁心III》，劇中法醫岑雅晴（黎姿）與骨科醫生葉淘（吳美珩）的家就是在太平山上，兩人經常在一面大玻璃窗前做瑜伽，累了就談心聊天，由大玻璃窗往下俯瞰就是太平山下的夜景，而這個最能代表香港夜景的景象，經常成為港劇中的轉場畫面。

History 歷史小幫手

　　太平山（Victoria Peak），為香港島最高峰，海拔552公尺，香港人簡稱為「山頂」（The Peak），曾被英國人以維多利亞女皇的名字命名為「維多利亞山」，英文名沿用至今。

　　1842年，英國正式統治香港，為宣示主權，在太平山頂懸掛英國國旗，所以太平山又被稱為「扯旗山」（扯在粵語中有「懸掛」之意），在當時山上交通不便，只靠轎子上下山，因此居住的人不多，但山頂風景優美，氣候怡人，故吸引許多外國人居住，因應交通需求，山頂纜車於1888年通車，1904年香港政府禁止華人在太平山居住，直到1947年才廢除。

山頂廣

Information 資訊情報站

地點：香港島中環太平山
交通：

1. 乘直通巴士：先搭港島線地鐵由中環站K出口，穿過地下行人隧道步行至愛丁堡廣場旁的

巴士站搭乘15號大巴直至太平山頂，時間約30分鐘。

2. 乘纜車：山頂纜車總站位於聖約翰堂道附近，可先搭港島線地鐵由中環站K出口，穿過地下行人隧道步行至舊天星碼頭旁的巴士站搭乘15C小巴到「花園道纜車總站」搭乘纜車10分鐘直通太平山頂；每天早上7點至晚上12點運行，每15分鐘一班車，單程票港幣20元，來回票港幣30元。

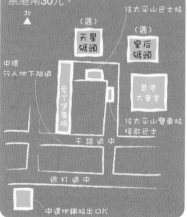

吹風看夜景‧逛街吃美食

　　太平山頂除了欣賞夜景，還有許多可以逛街吃東西的餐廳、商場。像「山頂廣場」有多間可觀賞夜景的餐廳，還有外型有如一個大碗的「凌霄閣」，更包括纜車總站、杜莎夫人蠟像館及商場店舖美食街，遊客可以在山下的纜車站搭乘纜車上山後，到凌霄閣最上層的觀景臺，觀賞整個維多利亞港的夜景。

太平山餐廳

山頂的異國料理

在太平山上的山頂道與盧吉道交匯處，有一間「太平山餐廳」（原名：山頂餐廳），是由一座歐式鄉村別墅造型的老建築改裝而成的，餐廳內的美食有各國風味的菜色，如印度烤雞、美國西冷牛排、海南雞飯等；這間餐廳也經常有港劇來此拍攝，在《人間蒸發》中，私家偵探高中正（苗僑偉）與黎筱（吳美珩）就有一場戲是兩人在此間餐廳內用餐共舞！

玩家 Tips

建議前往太平山頂的遊客，可以一趟搭巴士，一趟搭纜車，特別是上山時建議搭乘纜車，因為太平山非常陡峭，纜車幾近垂直貼著山壁直駛而上，盡量坐在右手邊的座位，因為纜車離開花園道總站後不久後，維多利亞港及半山的景色將會出現。

History 歷史小幫手

太平山纜車：啟用於1888年，全長1.4公里，是香港第一種交通工具，當時是為了方便港督及住在山上的外國富商上下山而建，在1908~1949期間，纜車首排兩個座位只有港督可以坐，椅背上更掛上「此座位留座予總督閣下」的銅牌；在1926年之前，纜車分成三種座位：
頭等：英國殖民地官員及扯旗山居民（洋人）
二等：英國軍人及皇家香港警察
三等：其他人與動物

香港島｜中環｜太平山 47

夜景 · 海景 · 談情說愛的浪漫步道

會展中心新翼
博覽花園海濱步道
金紫荊廣場

由尖沙咀的海岸線眺望會展中心新翼，外型如同一隻飛翔的鳥，因此也成為香港島的地標之一。港劇更是經常以整座會展中心做為劇中轉場的畫面，《愛情全保》、《法證先鋒》皆以會展中心做為DVD封面的背景。

會展中心新翼

　　香港會議展覽中心，是香港主要大型會議及展覽場地，由香港貿易發展局所有，會展中心第1期於1988年11月在灣仔海傍建成，1994年開始，會展耗資48億港幣，於維多利亞港上，面積6.5公頃的人工島上擴建，屋頂以4萬平方公尺的鋁合金造成，新翼會展的設施包括180度海景會議前廳，可容納4,300人的大禮堂，1997年7月1日，香港主權回歸儀式就在這個大禮堂舉行。

博覽花園海濱步道

如同對岸的尖沙咀海濱步道，位於香港島會展中心新翼前的博覽花園海濱步道，都是沿著維多利亞港海岸線而建的休閒步道。由於會展中心新翼與海濱花園都是填海興建，所以在香港島的海岸線上特別突出，不僅尖沙咀海岸線的景色近在眼前，由灣仔到中環一帶的摩登建築物，包括中銀大廈、國際金融中心二期、長江集團、怡和大廈、交易廣場大樓等，也都能近距離觀賞。

海濱步道在夜晚時，人非常稀少，完全沒有路燈，靠的是金紫荊廣場的光線及海岸線摩登建築物的燈光，因此晚上海濱步道不時出現一對對的情侶，散步談心，有些就坐在步道旁的座椅上，還要要仔細看才發現有人坐著，所以走著走著會突然看到接吻、擁抱的情侶，靜靜的走過去就行了，千萬別打擾人家喔！

港劇《尋

在港劇中，海濱步道是個非常熱門的拍攝場景，會選在此處拍攝的劇情皆是男女感情戲。《尋秦記》中，擔任G4的項少龍（古天樂）遲遲不與交往七年女友秦清（郭羨妮）結婚，秦清下最後通牒，如果再不結婚一個月後就要嫁給別人，項少龍要求秦清回心轉意，地點就在海濱步道！

港劇《開心賓館》

金紫荊廣場

位於海濱步道的上方，也就是會展中心新翼旁，象徵香港回歸中國，因此來自大陸的遊客一定會到此與金紫荊雕像拍照。在《開心賓館》中擔任香港導遊的甘志杰（陶大宇）就特地帶內地團到此一遊，原本在家中當少奶奶的翁家文（吳美珩），發現老公有外遇後，每次帶團到金紫荊就會百感交集，因為這裡就是老公向她求婚及拍攝結婚照的地方。

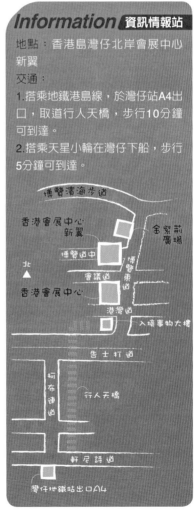

Information 資訊情報站

地點：香港島灣仔北岸會展中心新翼

交通：

1. 搭乘地鐵港島線，於灣仔站A4出口，取道行人天橋，步行10分鐘可到達。

2. 搭乘天星小輪在灣仔下船，步行5分鐘可到達。

博覽濱海步道
香港會展中心新翼
金紫荊廣場
博覽道中
北
會議道
博覽東道
香港會展中心
港灣道
入境事物大樓
告士打道
柯布連道
行人天橋
軒尼詩道
灣仔地鐵站出口A4

夢想家之地 《馬場大亨》

馬場

賽馬在香港幾乎成為全民娛樂運動，無論是市井小民或是上流社會的富商官吏都熱愛賭馬，因為這是香港150多年來，所留下的殖民文化！

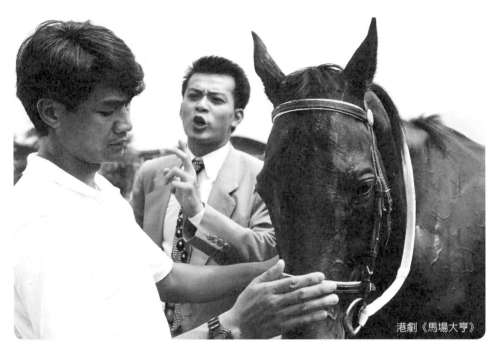

港劇《馬場大亨》

小聰明成就失敗的結局

在港劇中，經常演出賭馬的情節，茶餐廳中更是聚集賭馬愛好者，邊喝茶邊討論馬經或是戴耳機收聽電台的賽馬實況轉播，而以賽馬及賭馬為全劇架構的《馬場大亨》，就是一部賭馬的寫實劇，劇裡小人物以賭馬做為發跡的夢想家大計，富商、黑社會與訓馬師聯手「造馬」的內幕。在廣東話中，將「做弊」說成「造馬」！「馬場大亨」的主角李大有（黃日華）是一個絕頂聰明、秉持著大人做大事的原則，身無分文、沒有背景，靠的是小聰明、意志力、耍狠、敢衝的性格，步步往馬場大亨的夢想邁進，在劇中他看中一匹本來要被淘汰的馬，但他認為這匹馬有潛力，於是開始訓練牠，並取名為「發夢王」，李大有這種不腳踏實地，永遠以夢想遊走在危險邊緣的人物，最終以悲劇收場，「發夢王」這匹馬是對他最大的諷刺！

香港的跑馬季

　　位於香港島的跑馬地馬場在早期被英國人稱為「快活谷」，無論是小賭還是大賭，管你是平民還是富商巨賈，只要你有眼光，人人都有機會贏得彩金。

　　在香港，賭馬不僅僅是賭，同時也是上流社會的重要社交活動，香港共有兩個賽馬場，一個在香港島的跑馬地，另一個在九龍的沙田，每年的9月到翌年的6月，就是令香港人心跳加速的賽馬季，跑馬地主跑夜馬（馬季逢週三、週末跑日馬），沙田馬場則集中在週末跑日馬。

　　外地的觀光客到了香港，如果想到馬場觀賞賽馬，公眾席入場費每人10元港幣，另外，賽馬會也設計兩種觀光套票，經由香港旅遊發展局旅客諮詢中心、旅行社、酒店發售，不知要如何下注的觀光客，可在現場領取免費的投注規則說明書。

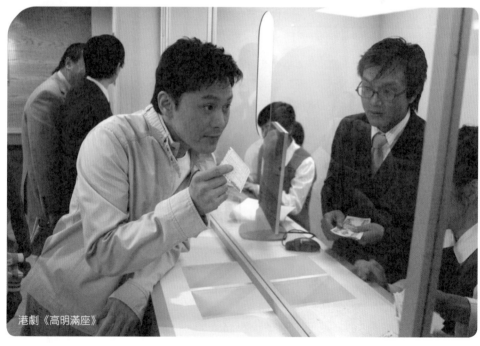

港劇《高明滿座》

Information 資訊情報站

http://www.hkjc.com 香港賽馬會

跑馬地馬場：香港島馬跑地

交通：搭乘地 鐵「港島線」於「銅鑼站」
A出口，沿黃泥涌道步行20分鐘，或轉乘
電車到跑馬地後，步行10分鐘。

娛樂結合公益

　　「香港賽馬會」是一個歷史悠久且具國
際水準的機構，也是全球賽馬圈中，唯一採
取博弈娛樂與慈善並行的實馬機構，因香港
政府規定，賽馬會必須把每季賭馬下注的總
額，扣除獎金及營運開銷後，剩下的收入必
須贊助香港各類慈善機構，以造福社會。

香港第一個賽馬場

　　跑馬地馬場又稱為「快活谷馬場」，是香港的第一個馬場，本為一片沼澤地，1846年
12月首次正式賽馬，日軍佔據香港時期更名為「竹葉峽競馬場」。跑馬地馬場隸屬於香港
賽馬會，馬會於1884年成立，負責提供賽馬、體育、博彩娛樂活動；初期的賽馬活動為業
餘性質，1971年以後才轉為職業活動，香港跑馬活動除二次世界大戰期間外，賽事幾乎不
曾間斷。

靜夜街頭散佈離愁 《妙手仁心III》

時代廣場

晚上的時代廣場及周邊的羅素街、霎東街的名店商圈，聚滿了逛街休閒娛樂的人潮，尤其是鐘樓旁的露天廣場，總是站滿了人，看著時代廣場外牆上的大型電視螢幕播放新聞、資訊及體育節目。

時代廣場的鐘樓是地標

跨年倒數的好地方

　　美國紐約時代廣場的新年除夕夜，就是聚集來自世界各國的觀光客一起倒數迎接新年，香港銅鑼灣時代廣場前的鐘樓，就相當於美國的時代廣場，也是各國的觀光客一起跨年倒數的地方，加上時代廣場是匯集全球及香港各個時尚品牌的大型商場，因而成為銅鑼灣的地標。

History 歷史小幫手

　　時代廣場的前身是香港電車的車廠，1980年代末期，電車廠遷至西營盤及西灣河後，便開始重建工程，於1994年4月落成，樓高16層。

　　在時代廣場尚未落成前，羅素街與霎東街一帶，是傳統街市與維修廠，市區重建計畫徹底改變此處的風貌，原本陰暗髒亂的羅素街，如今成為時尚名店林立的特色街道。

港劇裡的難忘情結
一同記憶著難忘的場景

Information 資訊情報站

時代廣場：香港島銅鑼灣勿地臣街
1號
交通：搭乘地鐵「港島線」於「銅
鑼站」A出口，步行即到達。

鐘樓是時代廣場的代表，也經常成為港劇中的重要場景，在《妙手仁心III》中，身為骨科醫生的葉淘（吳美珩）罹患癌症，並多次復發，對人生感到絕望，同時也不想連累另一半，在她生日當天，急診室醫生黎國柱（林保怡）幫她過生日，葉淘赴約後提出分手，在回家的途中，行經時代廣場，葉淘要求就在此處下車，走了幾步

後，又轉身走回車子旁，隔著半開的車窗，低頭不捨地對黎國柱說：「You take care！」這一幕，在你看完此劇後，會永遠刻劃在腦海中！

順便一遊。

池記雲吞

在鐘樓的斜對面，就是名號響噹噹的羅素街「池記雲吞」，2001年在香港美食大賞中獲得金獎，雖然店裡的售價比起同業來說較高，一碗雲吞麵平均24元港幣，但是雲吞鮮而不膩，非常可口，如果你在香港吃過一般得雲吞，就會覺得它貴得有道理，港劇《天幕下的戀人》也曾在旺角的朗豪坊「池記」拍攝過外景。

欲尋鮮美味．再上一層樓

SHOP
P211A

元気寿司

聖誕夜中尋覓緣分 《創世紀》
世貿中心

去過香港的人都知道，銅鑼灣是一個購物天堂，而世貿中心就位在這個熱鬧的商圈裡，與附近的SOGO、時代廣場、各式店舖連成一線，包你好吃、好逛又好買喔！

高地價的購物天堂

　　銅鑼灣購物區是全球租金第三
貴的地段，僅次於美國紐約第五大
道、法國巴黎香榭麗舍大街，大型
購物中心及以年輕人為主的個性店
舖、精品店、中西食肆林立，素有
「小日本」之稱，無論是高價名牌
或是中低價位的服飾店皆有，中環
是上班族的購物天堂，銅鑼灣就是
屬於年輕人的世界。

History 歷史小幫手

　　19世紀中期，銅鑼灣乃英資企業怡和洋行總部，由於銅鑼灣一帶的海岸線，形狀像銅
鑼，因而得名，19世紀末銅鑼灣興建一條海堤，亦是銅鑼灣英文名「Causeway Bay」的字
源，1950年的大型填海工程，產生了現在的「維多利亞公園」。

早期的世貿中心

　　世貿中心位於銅鑼灣商圈，附近包括SOGO、時代廣場、各式商店舖及四星級怡東酒店，是一個非常好玩好逛好買的購物區。1970年代落成的世貿中心，早期曾開設碧麗宮夜總會，1979年改裝成香港最豪華的碧麗宮電影院，由邵氏公司經營，主要放映外語片；1990年代中期，怡和洋行把世貿中心出售給地產發展商，下層改成商場，上層做為辦公室。

同一個廣場 有著兩種心情

　　位於SOGO後方的世貿中心，是一棟購物商場結合辦公室的複合式大樓，大門口前的圓形廣場，經常有街頭藝人、歌手簽唱會等表演活動，此外也經常有電影及電視劇在此取景，百集電視劇《創世紀》，葉榮添（羅嘉良）與高美娜（郭可盈）在聖誕夜，分別到世貿中心廣場逛街，但心裡還是想著對方，直到兩人終於在此不期而遇，開心擁抱，而就在同一個場景，一直深愛田寧（蔡少芬）的馬志強（郭晉安），雖然誠心付出，但始終等不到佳人，聖誕夜孤獨的在世貿中心走著，無論人潮如何擁擠，但他依然視而不見。

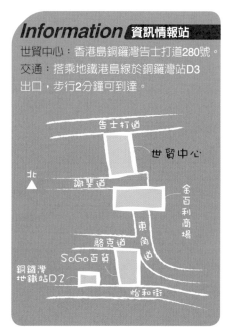

Information 資訊情報站

世貿中心：香港島銅鑼灣告士打道280號。
交通：搭乘地鐵港島線於銅鑼灣站D3出口，步行2分鐘可到達。

童真・親子・溫情劇碼的必備場景

海洋公園

在香港迪士尼樂園尚未開幕之前，香港唯一一座大型綜合遊樂園即為「海洋公園」，園區內最著名的遊樂設施，就是「瘋狂過山車」，為全東南亞最大的雲霄飛車，全長842公尺，軌道有一半臨海而建，刺激度百分之百，當你坐在上面時，簡直就像連人帶車衝到海裡的感覺。

尋回童真的遊樂天堂

在港劇中，最常出現在海洋公園拍攝的情節，大都是親子重溫親情、戀人到此處約會尋找童真；通常親子情節都會在「幻彩旋轉馬」前拍攝，在《妙手仁心III》中，心臟外科醫生林敏智（陳豪）與前妻帶著兒子JOE乘坐旋轉馬，但是JOE從小就沒媽媽一起生活，對母親非常生疏，在遊玩的過程中，一直黏著父親，此舉也引起媽媽的不悅；《流金歲月》丁善行（林峰）由國外求學回到香港，第一件事情就是跑到海洋公園，回味他在香港的童年記憶。

海洋公園的規模

海洋公園於1977年1月10日開幕，最初由香港賽馬會捐款興建，並由馬會管理。1979年1月引進殺人鯨「海威」，成為園區最大賣點，初期園內設施不多，從1980年代開始進行擴建，增加大型機動遊戲，先後建成水上樂園、鯊魚館、百鳥居、紅鸛池、孔雀花園、登山電梯等設施。

早期海洋公園營運資金主要依賴門票及馬會撥款，但由於門票費用偏低，所以初期是賠錢營運，直到1987年7月1日，港政府通過海洋公園條例，由馬會撥款2億港幣成立信託基金，開始脫離馬會獨立，並以商業手法經營後，才開始轉虧為盈。在1998年之後，由於遊客失去新鮮感、亞洲金融風暴、鎮園之寶殺人鯨「海威」病逝等因素，營運一度出現虧損，直到中國內地開放到香港自由行，才開始湧入大批遊客，2004至2005年入園人次超過400萬，打破開幕以來的紀錄。

攬山觀海・搭電梯坐纜車

海洋公園非常大，分成「公園遊覽」、「綠野花園」、「兒童王國」、「海洋天地」、「山上機動城」、「急流天地」、「雀鳥天堂」7個主題區，共有40多個遊樂設施，因此如果想逛完整個園區，並且盡情享受園內的設施，必須花掉一整天的時間；由於海洋公園是沿著山勢往上建，園區分成3大部分：「南朗山山頂」、「山下花園」與「大樹灣」，佔地8.7公頃，因此園區內有座長達1.5公里，連接「山下花園」與「南朗山」的纜車，坐在上面可以欣賞到整個港島南區包括「深水灣」、「南朗山」所形成的優美景色；而「山下花園」與「大樹灣」則以登山電梯連接，這是全世界第2長的戶外電動手扶梯，第1長則是香港島中環連接半山的手扶梯。

Information 資訊情報站

開放時間：10:00~18:00
門票：成人185元港幣、兒童(3~11歲)93元港幣。
地點：香港島南區黃竹坑
交通：在港島線金鐘地鐵站或中環天星碼頭搭乘629海洋公園直通巴士。

戲水・談心・示愛的迷人海灘

淺水灣

淺水灣是香港非常著名的海灘，周邊有不少高級豪宅，因此站在沙灘上往四周望去，見到的都是一棟棟白色的特色建築物，視覺上非常舒服。顧名思義，淺水灣水淺但灘床寬闊，水清沙細，因此深受游泳人士喜愛。

港劇裡的沙灘景

　　早期港劇的時裝劇，只要拍攝以沙灘為場景的劇情，大都在淺水灣拍攝，因為離市區或電視城都很近，加上沙灘寬廣、景色怡人，而現在要在沙灘拍戲，能選擇的沙灘就非常多了，包括：石澳沙灘、西貢沙灘、清水灣等。

　　《無名天使3D》裡的三位性格迴異的霹靂女警郭羨妮、佘詩曼、楊思琦，在完成反恐任務，且擺脫身邊不負責任的男人後，一同著火辣泳裝到淺水灣沙灘上曬日光浴，享受著單身貴族的生活。

History 歷史小幫手

　　淺水灣位於香港島南區南岸中部，英文地名「Repulse Bay」是取名自1840年曾於該處停泊的英國海軍軍艦HMS Repulse，在香港日治時期，曾改名為「綠之濱」。1920年淺水灣酒店落成，為典型英式建築，為了吸引遊客，中環往返淺水灣的巴士線順應而生，成為香港最早期的巴士服務之一，而淺水灣在太平洋戰爭中的香港保衛戰中，亦成為一個重要的防守據點。

港劇《無名天使3D》

設計新穎的住宅區

　　在沙灘背後，隨著山勢而建的白色建築即為「影灣園」，它是淺水灣的住宅區，是由俱樂部、酒店服務式公寓、商場、露台餐廳等所組成的社區，其建築物的中空造型設計，充滿創意，曾經獲國際建築獎項；「影灣園」的現址原本是「淺水灣酒店」，1920年落成，1982年拆除，為了保留這個香港知名酒店的風情，特別將酒店的露台部分保留，成為現在的「露台餐廳」。

Information 資訊情報站

淺水灣：香港島南區淺水灣道

交通：搭乘港島線地鐵，於中環站A出口，經行人天橋步行到交易廣場巴士站搭乘往赤柱的6、6A、6X、260巴士，6號巴士走山路較費時，其餘走香港仔隧道比較快，尤其是260為通往赤柱的特快巴士到淺水灣只要20分鐘。

北▲　　影灣園　　淺水灣商場　　露台餐廳　　巴士站

影灣園・露台餐廳

　　來到淺水灣戲水欣賞海灘美景後，一定要走到露台餐廳品嘗正宗的英式下午茶並體驗張愛玲式的浪漫！除半島酒店的大廳外，露台餐廳是現今香港少數留存至今的殖民地風情英式餐廳。此處本為已拆除「淺水灣酒店」的一部分，比半島酒店早8年，在1920年開幕後，成為殖民地時期達官顯貴與社會名流的往來之處，張愛玲的小說《傾城之戀》范柳原與白流蘇在香港重逢的落腳處即是露台餐廳，因此由周潤發、繆騫人所主演的電影《傾城之戀》，也有部分場景在此處拍攝。

純樸的華洋小鎮

赤柱

有別於中環的高樓大廈、擁擠的街道、人來人往快速的步伐,位於香港島南區的赤柱則是一個空氣新鮮、腹地寬廣、景色怡人、生活步調悠閒的地方,但依然和港島市區同樣擁有華洋交雜的風情。

純樸中透出人情味

　　正因為赤柱有如此吸引人的特色，由鄭嘉穎、陳松伶共同主演的《飛短留長父子兵》全劇就在赤柱開拍，劇中的男主角范天朗（鄭嘉穎）是位時尚髮型設計師，在中環開設髮型沙龍；他的父親則是在赤柱開設理髮廳20多年的老師傅，雖然父子倆都喜歡剪髮，但一個新潮一個守舊，父親始終覺得一個好的理髮師不一定要花大筆金錢在中環開店，但為了成全兒子的心願，老父親賣掉在赤柱一幢舊樓，提供開店資金；范天朗因為與模特兒女友分手而逃回赤柱，他漸漸了解父母的用心，也在赤柱這個美麗又純樸的地方建立起與兒時同伴彭澄（陳松伶）的美麗情緣。赤柱擁有純真樸實的風貌，但同時也具備新潮的娛樂購物。

　　由於香港開埠前，赤柱就是外國商船停泊的碼頭，因此至今仍然保有華洋交錯的風情。

赤柱大街

　　臨近海濱步道，街道旁林立各式歐陸風情酒吧與食肆，隨意挑選一間店，在露天咖啡座喝下午茶看日落眺望美利樓的景色，好好感受一下赤柱別具一番的特色風味。

赤柱市集

　　有數十間販售中國風的紀念品與精品，價錢不貴，相當富有尋寶樂趣，來此度假的洋人特別愛逛。

1987《新紮師兄1988》邱淑貞與梁朝偉在赤柱市集

美利樓

　　赤柱大街的盡頭就是美利樓，這棟英國喬治王朝風格的建築物，極具欣賞價值，包括了有海事博物館、美式餐廳可供參觀及品嘗美食、看美景！

赤柱廣場

　　位於美利樓旁還有2003年才落成的赤柱廣場，一棟綜合觀光、購物、美食的商場，位於廣場旁還有一間600多年歷史的天后古廟。

History 歷史小幫手

　　在香港開埠之前，赤柱在經濟發展上已趨於成熟，當時有不少的外國商船在這裡登陸，聚集許多商人及水手。在1841年香港政府將赤柱稱為「香港的首鎮」，打算發展此處，但赤柱腹地不大，且不時有海盜出現，田井水不乾淨爆發疫情後，香港政府才轉而發展香港島北部。

　　赤柱的地標美利樓，是英國喬治王朝風格的建築物，建於1846年，也是香港目前僅存的維多利亞式建築大樓，當年是英軍軍官宿舍，原來坐落於金鐘中銀大廈現址，1982年因興建中銀大廈而拆除，並將一磚一瓦編號保存下來，直到2003年才在赤柱重新拼建回去。

聖士提反泳灘

　　這個泳灘是外國觀光客的最愛，不時有人玩風帆，沙灘上也可以烤肉及露營。赤柱是香港島一處非常值得前去的休閒觀光聖地，到香港沒有到赤柱，那就等於浪費機票與美好假期。

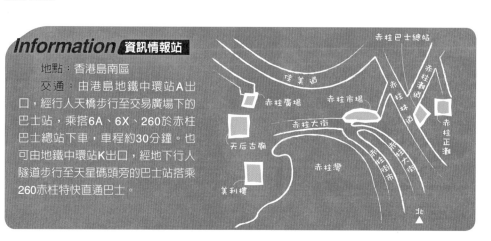

Information 資訊情報站

地點：香港島南區

交通：由港島地鐵中環站A出口，經行人天橋步行至交易廣場下的巴士站，乘搭6A、6X、260於赤柱巴士總站下車，車程約30分鐘。也可由地鐵中環站K出口，經地下行人隧道步行至天星碼頭旁的巴士站搭乘260赤柱特快直通巴士。

赤柱巴士總站
佳美道
赤柱廣場
赤柱市場
赤柱新街
赤柱林道
赤柱大街
天后古廟
赤柱灣
赤柱街市
赤柱大街
赤柱正灘
美利樓
北

跟著港劇遊香港

九龍半島。

香港平民文化最真實的呈現，尖沙咀繁忙的街道、旺角
迷惑的黑夜、廟街的不了情，躊足五光十色的彌敦道，
深刻的香港情懷。

香港「東方好萊塢」的魅力見證

星光大道

尖沙咀的海濱長廊，開闢了一條星光大道，以表揚香港電影界的傑出人士，
最有趣的是地上佈滿了重量級電影演員及幕後導演的手掌印！

眾星雲集的星光大道

　　走到星光大道的觀光客，通常都會邊走邊看地上，為的就是尋覓心中喜愛的巨星手掌印。入口處武打巨星李小龍的銅像，是在2005年11月27日為紀念李小龍65歲冥壽而設置的，在星光大道左右兩邊的入口設有紀念品販售店，賣的全是香港電影巨星的海報、明信片、馬克杯、T恤、寫真集等等，除此之外星光大道也會不定時的進行香港巨星的回顧展，像2006年9月，就展開張國榮由兒時、青少年、電視劇、電影、唱片、舞台各個階段的圖片回顧，走在寬敞舒適的星光大道，吹著海風，維多利亞港的風光伴隨在旁，漫步欣賞張國榮精采的影像！

李小龍銅像

Information 資訊情報站

星光大道：九龍尖沙咀東部洲際酒店對開堤岸

交通：搭乘地鐵荃灣線於尖沙咀站E出口，沿著指標步行約10分鐘即可到達。

（地圖）
柏麗購物大道
海防道
海港城
廣東道
梳士巴利道
香港文化中心
鐘樓
尖沙咀海濱花園
星光大道
洲際酒店
海運大廈
天星碼頭
維多利亞港
北▲
漆咸道
半島酒店

時裝港劇裡散步吹風的好地方

　　星光大道以米白色地磚為基色，兩旁林立線條簡約的街燈，寬闊的步道與視野，就算原地站立看美景，也不會覺得無聊，因此無論是香港人或是外地遊客，都非常喜歡到這裡散步，電視劇也喜歡在此地取景，原本長達1.2公里的尖沙咀海濱步道，幾乎是每部時裝港劇裡一定會出現的地方，而星光大道這一段，因為有明顯的主題裝置，在港劇中出現時，就更為醒目了！

　　《情謎黑森林》中的餅神高根（馬德鐘），因為過分專注事業，每天都把時間花在如何做出更有創意的蛋糕，因此忽略家庭，使得妻子及兒子皆離他而去，他本想放棄事業，重新建立與兒子的感情，但徒弟唐霜（胡杏兒）就在星光大道告訴他，為了兒子，千萬不能放棄自己的理想，因為兒子等著他，親手為他做一個屬於自己的蛋糕。

走向國際的香港電影

張曼玉

梁朝偉

為表揚香港電影界傑出的幕前幕後人員，香港政府撥款在原先尖沙咀東的海濱長廊，將它美化成「星光大道」，2004年4月27日舉行開幕典禮，並在第二天開放給香港市民及全球旅客參觀。

地上的巨星手印，乃由香港電影金像獎協會屬下九個屬會及電影雙周刊以投票方式選出，往後也會定期選出新增的名單。

李連杰

順便一遊。

柏麗購物大道

悠閒地走完星光大道，並享受維多利亞港風光後，可沿著香港最繁忙的道路彌敦道開始步行逛街，體會另一種散步的樂趣，整條彌敦道充滿著各式的店舖，購物、美食皆有；位於彌敦道上柏麗購物大道是擁擠的彌敦道上另一種風情，恍如歐美的購物大道，寬闊明亮，每間店舖的格局皆相同，而柏麗購物大道也經常有電影及電視劇在此取景，例如吳君如主演的電影《金雞》、電視劇《天地豪情》。

港劇拍攝人氣場景第一名
鐘樓‧海濱步道

坐落於尖沙咀天星碼頭旁，都近海濱步道的鐘樓是尖沙咀的地標，
一座超過90年歷史的建築物。

購物節的煙火表演秀

　　在這裡經常有結婚的新人在鐘樓前拍攝婚紗照，每年暑假香港購物節期間，晚上也會在鐘樓前定時舉辦煙火秀，像2004年購物節的「水墨激光匯演」配上維多利亞港的夜景，就如同時尚藝術畫作一般，也使得香港購物節期間，鐘樓旁的海濱步道，每到夜晚就像是萬頭攢動般的熱鬧！

半島酒店全景

History 歷史小幫手

　　尖沙咀鐘樓，正式名稱為「前九廣鐵路鐘樓」，1904年「九廣鐵路」的路線落實，香港的終點站設於尖沙咀，九廣鐵路於1910年通車，尖沙咀火車站於1913年動工，鐘樓為火車站的一部分，1916年完工。

　　鐘樓完工初期，報時的大鐘是使用原本香港島中環剛拆卸不久的畢打街鐘樓的報時大鐘，鐘面只有一面，新的四面鐘於1920年開始安裝，1921年3月22日開始運行，除香港日治時期曾停止運作外，大鐘一直運行至今。

　　而尖沙咀火車站於1975年遷往紅磡填海區，而尖沙咀的舊火車站大樓於1978年拆卸，原址則興建香港太空館及香港文化中心，鐘樓在香港市民的要求下保留下來做為歷史標記，1990年被香港古物諮詢委員會評定為一級古蹟。

維多利亞港上的香港

　　維多利亞港夜景被喻為世界三大夜景之一，而欣賞夜景最美的地方，就是站在尖沙咀海濱步道往香港島的方向眺望。看著香港島漂浮在美麗的維多利亞港上，儼然形成一幅讓人看百遍還是覺得感動的影像！

漫步在海濱步道上

　　尖沙咀海濱步道由鐘樓旁開始往東部延伸，全長1.6公里，延著步道可以欣賞維多利亞港的夜景，並眺望香港島的摩登建築物，沿著步道走，一邊是維多利亞港，另一邊則是香港的文化建築群，包括了有香港文化中心、香港藝術館、香港太空館，中間一段的海濱步道則是星光大道，繼續往前步行即是尖東段的海濱步道。

維多利亞港夜景為世界三大夜景之一

時裝港劇人氣場景

　　尖沙咀海濱步道是時裝港劇中，幾乎每部都會出現的拍攝場景，只要是情侶聊天散步、談心事、攤牌、分手一定會在海濱步道上，就好像每一部時裝港劇裡出現最多次的活動道具一般。

　　在《識法代言人》中，沈一言（胡杏兒）為考律師執照，在白天的律師行下班後，晚上就回到大學裡繼續唸書。有一陣子逃學被律師男友DICK（陳鍵鋒）發現，兩人一起走到海濱步道上，順便買了一大包零食，就坐在鐘樓旁吃。

　　《情謎黑森林》裡，西餅學徒唐霜（胡杏兒）在師傅高根（馬德鐘）的指導下，以創作西點「愛的呼喚」獲得西餅新人賽冠軍，同時高根也接受唐霜的感情，兩人在比賽結束後，晚上一起到海濱步道散步。

Information 資訊情報站

鐘樓地點：九龍尖沙咀天星碼頭旁
交通：搭乘地鐵荃灣綠於尖沙咀站出口，步行即可到達。

瘋狂購物 · 賞海景 · 看星光

海港城

位於尖沙咀廣東道上的海港城，是香港最大的購物中心，也是一個大型的建築群，由海運大廈、馬哥孛羅香港酒店、海洋中心、港威商場所組成，南至尖沙咀天星碼頭，北至中港城，幾乎橫跨了整條尖沙咀部分的廣東道。

走走停停 吃玩買逛

　　「海港城」根本就是為購物狂而設計的，如果不是熱愛逛街與購物，幾乎很難把「海港城」全部逛完，700間的店舖，還走不到一半就腳痠投降，所以有很多遊客是分很多次才把海港城逛完，雖然香港購物中心非常多，但一定要來海港城朝聖，看看全港最大的購物中心，即使買不起名牌，用眼睛SHOPPING也不錯，逛累了有50間餐廳供你吃飯休息，還有美麗的海景供欣賞！

逛街遇到大明星

香港有80%的唱片公司及娛樂公司都駐紮在廣東道上，歌手、偶像明星整天都在附近進進出出，成了海港城的一道天然美景。在海港城的500多家商舖中，包括了環球唱片、華納唱片、EMI唱片及一些經紀公司，為了方便歌手錄音，幾家唱片公司都在對街的大樓設置錄音室，錄音之餘，明星也樂在海港城購物，所以海港城周邊可說是星光燦爛。

此外也經常有港劇在廣東道上拍攝，通常都會帶到海港城，在港劇《無名天使3D》的第一集，一開場就有個大場面，反恐怖組職保安科總督察宋樂琦（郭羨妮）帶著一群警察開車在廣東道上追捕疑似恐佈分子的嫌犯，最後還停在海港城「香奈兒」的櫥窗旁，大批警察下車拿槍指著嫌犯。

海港城內的露天咖啡廳

早期舶來品的集散地

靠近天星碼頭西側的海運大廈是海港城其中一幢建築，為香港觀光郵輪碼頭，整棟建築呈長方形，樓分3層，2樓改裝成開放式年輕化的購物場所，大量採用透明玻璃作為區隔各商舖間的幕牆，3樓則是搭乘觀光輪郵的入口處；而海運大廈的所在地也是維多利亞港的中心點；早在1970年代，此處就為觀光郵輪停靠與商業兩用的碼頭，也是香港最早期高檔舶來品商號最集中的商場之一；在港劇《一屋兩家三姓人》、《十萬噸情緣》中，皆有劇中主角搭乘觀光郵輪的劇情。

觀光郵輪「海王星」

人潮洶湧的海港城

海港城是尖沙咀最繁盛的地方之一，每逢週六、日會有逾15萬人次進入商場，平日有超過6萬人於樓上的辦公大樓上班。

這裡，也是「九龍倉集團」旗下的物業，商場部分佔地200萬平方呎，包括50間餐廳、2間大型電影院、3間飯店以及約700間的零售商店，最早部分的海運大廈於1966年落成，附設郵輪碼頭，整個建築群於1980年代形成。

Information 資訊情報站

地點：九龍尖沙咀廣東道
交通：搭乘地鐵荃灣線於尖沙咀站C1出口，步行即可到達。

名副其實的《天幕下的戀人》

朗豪坊

藍色的數位天幕，由4樓到8樓的83米通天手扶梯連接，由4樓的電梯口往上看，就如同一條長梯看不到盡頭，慢慢的消失在藍色天幕中，像這樣嘆為觀止的現代造景，就在旺角的新地標「朗豪坊」中！

《天幕下的戀人》拍攝於朗豪酒店

美麗的水藍色天幕

　　港劇《天幕下的戀人》，劇名的由來就是因應這條藍色的數位天幕，整部戲的故事就由朗豪坊開始。劇中的男主角沈朗（鄭嘉穎）任職於這座商場的租務部主任，因遺失了存有重要資料的PDA，而邂逅了同在商場中經營飾品店的高逸詩（周麗淇），原來兩人在中學時就已認識，是學長學妹的關係，高逸詩多年來一直崇拜著當年那位常幫助她的學長！

Information 資訊情報站

朗豪坊：九龍旺角界限街8號
交通：由地鐵荃灣線旺角站C3出口，就可直接通到商場內；或由旺角站出口E1，沿著指標步行。
營業時間：11:00～21:00

富麗堂皇的拍攝場景

　　整部戲中，除了天幕為重要場景，在天幕手扶梯的4樓入口處也就是朗豪坊的大廳，包括服務台、簡單廚房、池記雲吞、通往寫字樓的手扶梯及朗豪坊的大門口，都是劇中經常出現的地方，此外朗豪坊還有一條走道可連接到五星級「朗豪酒店」，在劇中第19集的部分，沈朗為了爭奪高逸詩與商場的少東權力（黃宗澤）就在酒店的泳池比賽「閉氣」，最後權力昏迷，高逸詩跳水相救，沈朗就知道自己已經輸了！

天幕手扶梯

滿記甜品

簡單廚房

搭電梯往天幕餐廳的入口

年輕創意的的綜合型商場

　　朗豪坊位於旺角砵蘭街，2005年4月開幕，樓高15層，3樓以下是國際品牌，4樓食肆林立，美食多到令人眼花撩亂，像是知名的「池記雲吞」，總店在西貢的「滿記甜品」，5到7樓則是年輕人的天堂，商場內200多間的小店舖多以香港本地新一代年輕設計師開發的創意服飾產品為主，因此也是香港第一間專門讓年輕人創業的商場；8樓為電影院，由8樓電影院旁至11樓為「迴轉購物廊」，有150多間的潮流商舖及食肆，呈現旺角的特色！12至13樓即為「天幕餐廳」OZONE，遊客可以於夜間在綻放光影的數位天幕下，喝咖啡、品酒及享受音樂表演。

玩家 Tips

　　旺角本來就是年輕人的潮流購物區，雖然朗豪坊已經成為新地標，但周邊仍然有許多特色街道是不能不順道逛一逛的喔！

朗豪坊的大廳

朗豪酒店

順便一遊。

西洋菜街

　　此處是香港著名的購物區之一，在1924年左右，此條道路是種植「西洋菜」的田地，因此設路名為「西洋菜街」，到了1980年，將此條街分成西洋菜北街、西洋菜南街；目前的西洋菜南街是一個非常好逛的購物區，包括幾間大型的電子產品專賣店、化妝品店、流行服飾店、書店、街邊小吃店、影音產品店，大部分的店舖都會營業到11點半左右，因此過了10點之後，如果還想逛街，到這裡準沒錯。

交通：由地鐵荃灣線旺角站E1或C3出口步行即可。

女人街

　　旺角地區的著名觀光夜市，位於登打士街至亞皆老街之一段的通菜街，販售的物品以平價為原則，因為早期都是賣女性服裝用品為主，因此也被稱為「女人街」。現今女人街販售物品趨向多元化，男女服飾、化妝品、手提袋、飾品、玩具等，營業時間由中午至晚上11點，路邊不時會有小吃攤，供遊客邊吃邊逛街。

交通：由地鐵荃灣線旺角站E1或C3出口步行即可。

恭和堂

　　在逛「女人街」的同時還可到已有百年歷史的涼茶舖恭和堂喝涼茶吃龜苓膏！恭和堂於1904年開始賣龜苓膏，其創始人嚴永昌，相傳為清朝咸豐年間太醫嚴綺文的傳人，在他告老還鄉後，將龜苓膏的配方告知農民做為清熱解毒的良方，龜苓膏就開始流傳至今！恭和堂的龜苓膏是以金錢龜板、上伏苓、甘草、蒲公英等20多種藥材燉製而成，具有除濕毒、治療皮膚病的功效；除龜苓膏還有具潤肺功效的雪梨茶、清熱的菊花茶、治感冒的二十四味茶，龜苓膏一碗37元港幣，其餘的涼茶皆為8元港幣1杯。

「恭和堂」各分店資料

總店：九龍油麻地吳松街15號（地鐵荃灣線佐敦站A出口，往萬年青酒店方向步行）
分店：香港島銅鑼灣波斯富街87號（地鐵港島線銅鑼灣站A出口，沿波斯富街步行3分鐘）
　　　九龍旺角通菜街（女人街）61號A舖（地鐵荃灣線旺角站E1或C3出口步行皆可到）
交通：由地鐵荃灣線旺角站E1或C3出口步行即可。

懷舊特色街道 · 香港平民夜總會

廟街
油麻地警署
玉器市場

《新不了情》的餘味，至今仍盤旋在你我心中，同時也刻劃出油麻地廟街那算命攤、老榕樹街頭藝人、麻雀館、街邊小吃、各式擺飾攤檔的傳統中國式夜間廟市文化，廟街是香港懷舊特色街道，同時也是平民文化的真實寫照。

警匪片的最愛場景
油麻地警署

一個警匪動作劇經常出現的拍攝場景，1893年落成，原本位於稱為「差館街」的上海街與眾坊街交界處，1922年才遷到現址，樓高3層、全白色系的殖民地建築物，有傳統的圓柱門廊，屬於香港三級歷史建築，警匪劇「爭分奪秒」、「刑事情報科」都曾以此為場景，「刑事情報科」一開場，臥底探長鍾正（王喜）追歹徒跑過的街道就是廟街油麻地警署附近。

古惑系列不可或缺的必要場景

港劇《廟街‧媽‧兄弟》全劇以廟街為背景，敘述年輕警探王文迪（梁漢文）與淪落廟街成為孤兒的大哥楊帶寶（李克勤），不同身分、血脈相連，在廟街這個複雜地方相識相認的親情倫理劇，其中楊帶寶如同廟街小霸王，與五位一同在廟街長大的好友組成「廟街六小福」，他們在廟街的生活型態，就如同現實中廟街香港人的生活寫照。

油麻地警署

History 歷史小幫手

清朝時期，廟街中段建有「天后廟」，廟街因而得名，早期由於廟街的訪客皆為男性，因此也被稱為「男人街」與旺角的「女人街」性質類似，廟街夜市的攤檔販售的物品包括男性服裝、手工藝品、茶具、玉器、古董及廉價電子產品，除了算命攤及街頭粵劇表演，麻雀館林立也是廟街的特色之一。

吃不完的廟街美食

　　廟街因天后古廟而得名，由佐敦道向北走到文華里一帶的廟街，是最熱鬧的夜市路段，到廟街除了逛夜市，買買廉價小物品之外，美食是絕對不可錯過的，林立於街邊的大排檔，一大盤一大盤的熱炒，非常值得饕客大快朵頤一番。另外，廟街的興記煲仔飯非常有名，如果想一嚐正宗的港式煲仔飯，它絕對不會讓你失望。除此之外街邊還有一些糖水舖，無論是西米露、燉奶、燉蛋黃、雜果大菜糕等都是非常便宜又美味的甜品喔！

Information **資訊情報站**

廟街：九龍油麻地天后廟至文明里一帶
交通：搭乘地鐵荃灣線於佐敦站A出口或油麻地站C出口，步行皆可到達。

玉器尋寶樂——玉器市場

香港最大型的露天玉器市場，位於天后古廟附近的甘肅街與炮台街交界處，上百攤的玉器攤位，出售商品種類繁多，從手工編織的小配件到難辨真偽的古玉，絕對能滿足遊客的好奇心與尋寶的欲望樂趣，以販售玉石為故事背景的港劇《翡翠戀曲》，有許多劇情場景皆發生在玉器市場，其中飾演玉器「炒仔」（專找原石高價售出的賣家）梁家明（鄭嘉穎）即整天在玉器市場找生意做。

順便一遊。

美都餐室

天后古廟附近的美都餐室於1950年開業，雖超過半個世紀，但店內依舊保留50年前的裝潢風格，以見證老香港的歷史；最具特色的2樓雅座，可以瀏覽廟街及榕樹頭的街景，店內以「焗排骨飯」、「牛肉炒河粉」、「牛油吐司」、「奶茶」、「鴛鴦」、「雞肉義大利麵」聞名，各式中西式餐點應有盡有，港劇《酒店風雲》中，皇廷酒店少東王啓傑（吳卓羲）與魚販妹李開心（官恩娜）最愛去「美都」吃蛋塔與喝奶茶的地方就是在此處拍攝。

藝術 · 遊艇 · 購物 港劇外景新寵

黃金海岸

位於屯門青山灣的黃金海岸，是一個新興的旅遊景點，遠離市區的塵囂，雖然此處也有不少的高樓，但是住宅密度低，視野寬闊，是度假休閒的新選擇。

度假氣氛濃厚的熱門景點

　　整個黃金海岸，包括「購物商場」、「遊艇會」、「黃金海岸酒店」、「黃金泳灘」等，購物商場相當具地中海歐陸風情，沿著商場的海堤步道可看到包括酒店、遊艇會的美景，因此這裡也成為近期港劇喜愛的拍攝外景。

假日的藝術市集

　　黃金海岸購物商場是擁有兩層露台式設計的建築物，內有多家餐廳及超級市場，1樓露天廣場命名為「黃金蒙馬特」，是香港首座街頭文化藝術廣場，主要分為「荃藝街」和「演藝坊」兩個部分，每逢週六15:00~22:00及週日14:00~20:00開放，各式各樣精緻藝品的攤位，宛如巴黎的蒙馬特。

　　位於商場的海堤步道，每週五、六、日於12:00~22:00開放，約有80個攤位，包括手工藝品、飾品、人像素描、陶瓷擺設等，提供給業餘藝術者一個理想的開放園地，而且價位中等，可以殺價，富尋寶樂趣。

遊艇劇的最愛

除此之外黃金海岸還有一個俱樂部式的遊艇會，全面提供遊艇及鄉村俱樂部的服務設施，只限會員使用，此處也成為港劇拍攝以遊艇為背景的熱門景點，就像《潮爆大狀》中的奸商倪承坤（石修），經常邀約資深大律師蔣文滔（鄭少秋）在黃金海岸遊艇會的遊艇上飲酒作樂談事情。

濃濃的南洋風情

站在商場的海堤步道上，可以遠眺「黃金海岸酒店」，步行10分鐘後到達酒店，酒店的後花園是為露天餐廳與酒吧，設有泳池及花園，晚上有歐式自助餐及音樂表演，花園中沿著海岸的步道可以看到黃金海岸商場及遊艇會的全景。毗鄰酒店的「黃金泳灘」是一個人工沙灘，面向大嶼山機場，可環視南中國海的美景，沙灘旁480米的海濱大道，植有椰子樹及各類花草樹木，別具有南洋風情的味道。

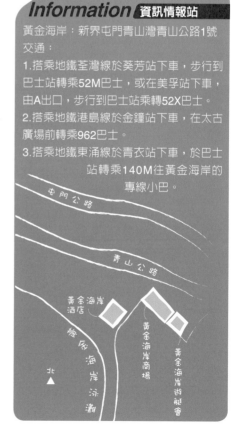

Information 資訊情報站

黃金海岸：新界屯門青山灣青山公路1號
交通：
1.搭乘地鐵荃灣線於葵芳站下車，步行到巴士站轉乘52M巴士，或在美孚站下車，由A出口，步行到巴士站乘轉52X巴士。
2.搭乘地鐵港島線於金鐘站下車，在太古廣場前轉乘962巴士。
3.搭乘地鐵東涌線於青衣站下車，於巴士站轉乘140M往黃金海岸的專線小巴。

屯門公路

青山公路

黃金海岸酒店

黃金海岸商場

黃金海岸遊艇會

黃金海岸泳灘

北

菜鳥導遊領內陸團搞笑記《開心賓館》

黃大仙廟

黃大仙廟是香港最著名也是人氣最旺的廟宇，別說是本地人，來自世界各地的
觀光客也都想到黃大仙朝聖，因為據說黃大仙的籤非常靈驗！

求籤．卜卦．搶頭香

　　在港劇中，經常聽到中年婦女說要到黃大仙廟
拜拜、求籤、求平安符，特別在大年初一的清晨，
香港人會跑到黃大仙廟搶「頭香」，包括初一、
十五或每年農曆8月23日的黃大仙誕，人潮擁擠寸步
難行，必須出動警察才能維持秩序。

內地團的必遊景點

在97之後，中國大陸內地同胞到香港旅遊者日增，通常香港當地導遊一定會帶內地團來到黃大仙廟；在港劇《開心賓館》中，擔任導遊的甘志杰（陶大宇），以帶內地團為主，他的新夥伴是一位不甘在家當少奶奶的新進導遊翁家文（吳美珩），這位菜鳥導遊首次帶團，就帶著一群內地團到黃大仙廟，但由於臨危受命，完全沒有準備解說資料，所以她馬上發出求救，打電話請老公幫她上網查資料，一邊聽電話，一邊拿著大聲公講解介紹黃大仙，這段劇情也是笑料百出！

跟著路線走
就不怕上錯香

來到黃大仙廟除了拜拜求平安，同時也要仔細欣賞它的建築風格。整個廟內園區饒富傳統特色、寧靜和平的氣息，不失為休閒、散步及呼吸新鮮空氣的好去處，而黃大仙廟也是全香港首間獲得政府授權舉行道教儀式的婚禮及簽發結婚證書的道教祠廟。

除此之外到黃大仙廟上香，還有一定的路線，廟內有解說的路線，跟著路線走就不會上錯香，至於祭品沒有特別的規定，水果、餅乾、牲禮皆可，有些信徒會帶「生油」做為祭品，祭拜後不必帶走，用以做為廟中油燈的燃料，即為「添香油」之意！

Information 資訊情報站

黃大仙祠官網 http://www.siksikyuen.org.hk
開放時間：07:00~17:30
黃大仙廟：九龍黃大仙竹園村2號
交通：由地鐵觀塘線黃大仙站B2出口，步行3分鐘可到達。

History 歷史小幫手

傳說中，黃大仙本名為「黃初平」，約公元328年出生於浙江金華縣蘭溪市，15歲開始學道，40年之後，他的兄弟到山中找他時，見他能指石變羊，兄弟倆開始一同修煉，並雙雙為仙，由於他隱居於赤松山，所以又稱為「赤松仙子」。在20世紀初，道士梁仁庵由廣東西樵山普慶祖壇奉接赤松仙子寶像來到香港，幾經遷移，於1921年在現址建祠。

親情·愛情 都靠一棵樹帶來希望《智勇新警界》

林村許願樹

中國人是一個喜歡求神問卜、希望預知未來的民族，舉凡算命、求籤、求平安符等等，正所謂「有拜有保佑」！

橘子·符紙許個願

經常在港劇中，看到劇中人站在一棵大樹下，閉上眼睛，心中默念，隨後就拿著一串連著橘子及符紙的東西，用力往樹上一丟，萬一掉下來，就會很緊張深怕願望不被實現，這棵掛滿一串串紅色符紙的大樹就是位於新界大埔的「林村許願樹」。

History 歷史小幫手

林村的兩棵許願樹，原本在村內的樹齡約有6、7百年，在村口的那棵約有2、3百年，不過數年前因刮颱風而倒下，所以現在在村內，這一棵年輕的許願樹是從大陸買來種植的，不是原本的那棵，不過也傳承了一樣重要的使命。

橫跨時裝 · 古裝的許願樹

　　港劇以許願樹為場景的劇集，橫跨時裝與古裝劇，在《帝女花》中，周世顯（馬浚偉）與長平公主（佘詩曼）首次相遇的地方就在許願樹下；而《智勇新警界》更是以「林村」做為全劇的故事背景，敘述駐守於新界警署一群警探在這條村子所發生的故事。本為飛虎隊員的馬孝賢（馬德鐘）因頭部受傷後退出飛虎隊，並調往新界警署擔任重案組督察，他獨自住在林村內，原來他發現失散多年的母親就住在這兒，而他的母親每天就在這顆樹下販售許願寶牒，為的就是每天對樹許願，希望早日找到兒子。

大主財運 · 家庭，小主姻緣 · 求子

　　走進村內，就可以看到有兩百多年歷史的天后古廟，廟前的廣場，也是《智勇新警界》中，村長召集村民聚集的地方，並在廟前廣場舉辦「盆菜宴」（香港圍村的流水席）；林村共有兩棵許願樹，位於村口的許願樹比較大，主財運及家庭，村內的是比較年輕、比較小棵的許願樹，主姻緣、求子等，而在地的村民是不分功能的都拜。

減輕負擔 才能承載更多的願望

　　許願樹在農曆春節期間是祈福的熱門地，加上平時太多外地觀光客來此許願，每個人都會丟上掛有橘子及符紙的寶牒，這顆大樹已經承受不住，主幹傷痕壘壘，有倒塌之虞，因此2006年1月，香港政府已規定不能再丟寶牒到樹上許願，同時也嚴格禁止販售符紙的小販出售串著水果及符紙的寶牒，想許願的人，可將許願符紙掛在政府設置的祈福架上。

Information 資訊情報站

林村許願樹：新界大埔墟林村
交通：搭乘地鐵荃灣線在旺角站下車，轉乘九廣東鐵到大埔站下車，步行至巴士站，再轉乘九龍巴士64K路線，於林村許願樹站下車，或搭乘25K專線小巴，於林村許願樹站下車。

愛丁堡公園訓練中心
獅子會林村青年康樂中心
新屋排
跑馬地
鐘屋村
林村公園
許願樹
北
新屋仔

碼頭・濱海 細細品嘗愛與愁 《法證先鋒》

西貢

一條由陸地向海中央延伸的觀景長廊，它就是西貢最有特色的造景，同時也是一座碼頭！

海風‧夜景
迷人的西貢小調

　　傍晚時分，通往碼頭的長廊，常有許多人靠著欄杆遠望前方，靜靜的呼吸清新的空氣、默默欣賞著西貢的日落。就在碼頭長廊連接的海濱廣場，可看到一排很有氣氛的餐廳，午後可以喝下午茶吹海風看海景，晚上則成為另一種特殊氣氛的PUB，喝點小酒看看海上夜景。

History 歷史小幫手

　　西貢在一百多年前就已經發展成一個有漁民、商販的鄉鎮聚落，而現今是在香港的外國人喜愛的居住區域，亦是許多觀光客慕名而來之處；「西貢」地名的由來，是在清朝時，所有由西方進入中國的商船及貢船，都必須在西貢的佛堂洲完稅後才能進入中國海域，所以「西貢」意指西方來的貢船。

港劇《法證先鋒》

港劇《法證先鋒》

港劇裡的愛與愁

在《法證先鋒》中，有許多情節都發生在西貢，有血腥、有無奈、有浪漫，更有著完美的HAPPY ENDING！擔任法證化驗師的高彥博（歐陽震華）與十年未曾聯絡的舊情人約在西貢碼頭見面，兩人就坐在海濱廣場的餐廳喝咖啡，聊著妻子撞車癱瘓後又得到癌症的往事；而法醫古澤琛（林文龍）與化驗師林汀汀（鍾嘉欣），第一次見面就是在劇情裡發生西貢滅門慘案中，交往過程常在西貢海濱步道跑步，最後也在西貢海濱廣場上，有情人終成眷屬。

港劇《法證先鋒》

左上及左下圖就在此地拍攝

令人食指大動的西貢海鮮

　　沿著海濱廣場步行，就會進入「海鮮村」，一整排的海鮮餐廳林立，令人不禁食指大動，來到西貢除了欣賞海景，如果沒能吃頓海鮮大餐，那就真的太可惜了！在《開心賓館》中，擔任導遊的甘志杰（陶大宇）接待一位來自內地的女演員冬妮（梁麗瑩），擔任私人導遊，帶著冬妮玩遍全香港，同時也帶著冬妮來到西貢散步嚐海鮮，甘志杰的活力，讓原本對感情與事業皆心灰的冬妮重燃鬥志！

　　就在進入「海鮮村」的海濱廣場步道，傍晚時會有許多小漁船載滿各式的新鮮魚獲與海鮮停泊在岸邊，供民眾購買，當然如果你是觀光客不懂行情，千萬不要隨便買，還是在岸邊找間餐廳輕鬆地大快朵頤。

看古蹟‧買童玩

　　於海濱廣場的後方，也就是西貢巴士站的周邊，有許多具有歐陸、美式風情的商店及餐廳，再往天后古廟的方向走，穿梭至巷子中，就是西貢老街，裡面賣的全是林林種種的海味乾貨及一些有趣的童玩。

順便一遊。

全記海鮮

　　西貢的海鮮村有許多間海鮮餐廳，最有名的就是全記，開業12年，價格非常公道，計價非常清楚，經常有名人及藝人來此光顧！一走進全記就會看到一個個大型的水族箱，裡面全是活生生又肥又大的海鮮，如果人數少可以直接點2人或4人套餐，例如2人套餐港幣348元，可以選四道海鮮，龍蝦、石斑、鮑魚、瑤柱、蜆、螺、墨魚皆包含其中，外加一盤青菜及甜點，當然如果想從水族箱中挑選海鮮也可，全記會為遊客設計喜歡的烹調方式。

地點：西貢海傍街53號
電話：002-852-27911195
營業時間：11:00~23:00

滿記甜品

西貢的滿記甜品聞名全港，來西貢一定要吃滿記！滿記以創意甜品成為老少咸宜的甜品新勢力，招牌為「楊枝甘露」、「芒果PANCAKE」、「榴槤PANCAKE」、白玉珍珠（椰果西米露）及數十種各式冷熱甜品。「楊枝甘露」就是芒果西米露加入椰子肉，而水果「PANCAKE」，又薄又滑的水果餅皮包入奶油及新鮮水果，如果不敢吃榴槤口味，可以選香蕉或芒果也不錯；另外，作者大力推薦「什果椰汁豆腐花」，就是豆花上放了各式水果並淋上椰奶當底汁，口味太特別了，而且非常好吃，如果在西貢吃了之後回味無窮，滿記在尖沙咀的海港城、旺角朗豪坊均有分店。

地點：西貢普通路10號
電話：002-852-27924991
營業時間：13:00~02:00

港劇的製造中心
TVB電視城

香港有兩家無線電視台，TVB與亞視，不過二十幾年來，TVB已經成為香港電視頻道的龍頭，尤其是戲劇節目的產量，在華人外埠的市場上更是名列第一。

培育優秀演員的搖籃

　　TVB的電視劇是香港巨星的搖籃，目前香港影壇的重量級演員，皆出身於80年代的TVB港劇，不僅如此更是不斷地培育出香港電視劇新秀演員，既然看港劇，就不能不了解港劇的製造中心TVB電視城。

電視城的規模

　　目前位於九龍將軍澳的TVB電視城，2003年10月12日才在現址正式啓用，原址是在邵氏的舊片場清水灣，總面積超過11萬平方公尺，投資總額22億港幣，將軍澳電視城比原來的清水灣電視城總面積大約3倍。電視城平時不開放觀眾入城參觀，除非是參加綜藝節目錄影擔任觀眾者，但也只限於在錄影的攝影棚範圍。

　　電視城的設備，包括有樓高11層的「廣播大樓」、3層樓高的「戲劇錄影廠大樓」、可容納300輛車樓高6層的「新聞及停車場大樓」、「工場大樓」、「聯匯大樓」、「衛星地面站」、「外景拍攝場地」及22個攝影棚，其中1號攝影棚可同時容納630位觀眾，總面積1,200平方公尺，為全亞洲商業電視台最大的攝影棚。

Information 資訊情報站

電視城：九龍將軍澳工業屯駿才街77號

交通：搭乘地鐵將軍澳線在將軍澳站出口，往巴士總站步行，轉乘到電視城的巴士，車程約20分鐘；電視城的員工可搭628號巴士，一般訪客可搭797號巴士。

熟悉的場景

時裝劇的外景可以在香港各地著名景點取景，棚內景則在電視城的戲劇攝影棚搭景，但是古裝劇及民初劇，大部分的外景都是在電視城的「古裝街」及「民初街」拍攝，走進這兩處外景拍攝地，在港劇中看到的場景一一映入眼簾！像近幾年的幾部著名民初劇《西關大少》、《同撈同煲》、《脂胭水粉》、《鳳舞香羅》外景都在民初街拍攝，還記得《西關大少》裡，劉松仁與趙雅芝結婚的教堂嗎？張智霖與佘詩曼在街上散步的場景？《脂胭水粉》中，陳豪在自家開設的「鏡花堂」前跳加官的地方？如果看過這幾部電視劇，相信這些場景你一定不會感到陌生喔！

二手電器王的興衰史 《翻新大少》

鴨寮街

「鴨寮街」又稱電器街，位於香港平民聚集最多的深水埗，是香港著名販售電器的特色街道。

戲裡戲外對應著大時代的香港

《翻新大少》是一部以輕鬆喜劇手法包裝的勵志劇，戴少良（歐陽震華）是在鴨寮街經營高級音響最大的一家店舖，其好友成大志（黎耀祥）也因投機生意曾坐擁千萬港幣的身家，但在金融風暴後，戴少良的音響店生意一落千丈，好友成大志也淪為負資產，兩人經歷人生最低潮，在記取過往失敗教訓後，又重新在這裡站起來。

無論在《翻新大少》或真實的鴨寮街中，都代表著香港的縮影，隨著經濟的起落，由欣欣向榮的黃金年代，淪為二手交易市場的命運。而今天的鴨寮街已經是一條結合各式商品的購物街，有路邊攤也有店舖，並設有鑑賞廳，發燒友或行家可以試聽，即使不合心意沒有交易成功，老闆都非常願意與你交換心得。

　　而在鴨寮街隔壁的汝州街，開設許多手工藝品材料店，因此又稱為「串珠街」，製作飾品的材料應有盡有，如果你想買到有特色又便宜的飾品，來這裡準沒錯！

　　還有，提醒逛鴨寮街的觀光客，還是盡量在店舖裡買，路邊攤經常會有來路不明的水貨，加上外地人不懂廣東話，溝通上會造成問題，容易買到不適用的東西。

Information 資訊情報站

鴨寮街：九
龍深水埗南
昌街與欽州
街之間
交通：搭乘
地鐵荃灣線
於深水埗站
A2或C2出
口，步行即
可到達。

History 歷史小幫手

　　二十世紀初，鴨寮街並不存在，當時是一片大海，後來香港政府在深水埗進行大規模填海工程，才有了現在的鴨寮街、汝州街、欽州街、黃竹街等，而南昌街與欽州街當時就蓋滿了鴨寮，「鴨寮街」因而得名。

　　最早，鴨寮街是一個專賣二手舊物的地方，1980年開始才成為電子零件的集散地，直到現在漸漸發展成專賣電子、電訊、數位產品的特色街道。

跟 著 港 劇 遊 香 港

離島。

南Y島的美式風情、大澳的水鄉情懷，離開匆忙的香港市區，步入悠閒的離島，褪去一身城市帶來的擁擠心情。

往返機場與市區的唯一道路

青馬大橋

青馬大橋因著世界級建築大獎的殊榮，而受到香港電影及電視的青睞，工程浩大的程度足以媲美舊金山的金門大橋，而它的夜景也一樣令人目眩神迷。

世界級的懸索吊橋

青馬大橋是香港重要的地標和景點，橫跨馬灣海峽，連接青衣島與馬灣，是全球最長的行車鐵路雙用懸索吊橋，全球第6長的懸索吊橋，聯同「汲水門大橋」，共同擔當連接大嶼山、香港國際機場與市區的唯一行車道路，路段總長2.16公里，因此港劇中，只要劇中人物出國或回國，自行開車時，一定會經過青馬大橋。

汀九橋，全球最長的三塔式斜拉索橋。

Information 資訊情報站

青馬大橋：橫跨青衣島與馬灣之間

交通：由中環搭乘地鐵東涌線於青衣站下車，轉乘309M綠色小巴前往「青嶼幹線訪客中心」，每小時一班，行駛時間為09:30至17:00。

世界級的建築成就獎

　　1999 年，青馬大橋榮獲由美國建築界選出的「20 世紀十大建築成就獎」得主之一，與「英法海峽隧道」、「舊金山金門大橋」等 9 項世界級工程共享這項殊榮，「青馬大橋」除了壯觀，更有香港大門之含義，因為它連接了市區與機場的唯一行車道路。遊客到了香港都會想要一探青馬大橋的全景，為了服務訪客設有「青嶼幹線訪客中心」及「觀景台」，遊客可先到訪客中心參觀青馬大橋建築過程的介紹，同時步上觀景台遠眺「青馬大橋」、「汲水門大橋」及「汀九橋」，青馬大橋不設人行道，因此遊客無法步行，建議遊客可在晚上到觀景台欣賞青馬大橋，此處的夜景相當值得觀賞。

影集與電影的最愛

　　《酒店風雲》中，高峰（馬德鐘）到上海談「皇廷酒店」的經營權，因為染上感冒，顧碧琦（郭可盈）特別跑到上海照顧他，兩人一同回港，開車行經青馬大橋；《妙手仁心II》中，急診室醫生阮朗平（陳潔儀），因懷孕準備到美國待產，因為不想公佈孩子的父親，只想當個未婚媽媽，所以獨自一人開車到機場搭機；《妙手仁心III》腦外科醫生程至美（吳啟華）因得到憂鬱症，獨自前往歐洲治療，回港時也是一人開車經過青馬大橋；另外在電影《雙雄》中，飾演警察的鄭伊健被黑社會分子吳鎮宇追逐，兩人一起由青馬大橋一躍跳入馬灣海峽。

青馬大橋的規模

　　青馬大橋1992年5月開始動工，耗資71.44億港幣，1997年5月22日通車，歷時五年，1997年4月27日由英國首相戴卓爾夫人主持開幕儀式。青馬大橋離海面高度62米，橋塔高度206米，吊起大橋橋身的主纜直徑1.1米，主纜主跨是由33,400條直徑5.38毫米的鋼絲組成，每條主纜會產生5萬噸的拉力，總長度16萬公里，足以環繞地球4次；橋身採雙層設計，露天上層為3線雙程分隔的快速道路，有蓋的下層則分為「地鐵東涌線」及「機場快線」的路軌。

飛機升降牽動情緣《衝上雲霄》

香港赤鱲角國際機場

位於大嶼山的香港國際機場，也稱為「赤鱲角機場」是香港唯一的民航機場！在港劇中，只要劇情裡有演到出國或接機的戲碼，機場就是一個必須且重要的場景。

「窗明几淨」的航空影集

　　而2004年香港TVB40集的台慶劇《衝上雲霄》就以飛機師與空姐為主角，全劇在香港赤鱲角國際機場拍攝，外景地更跨橫日本北海道、義大利羅馬、澳洲阿德萊特，是香港首部以航空業為主題的跨國大製作！故事敘述機師唐亦琛（吳鎮宇）、凌雲志（馬德鐘）同為首位香港華人機長而奮鬥，同時牽引出空姐樂以珊（陳慧珊）、機場管理局人員蘇怡（胡杏兒）的感人愛情故事，是一部集勵志、愛情、友情、親情的好戲，劇中在香港機場拍攝的場景，包括「機場大廳」、「CHECK IN櫃台」、「機場跑道」、「登機匣口」等，看完本劇之後，當你到達香港機場時，經過那些似曾相識的場景，會有一種莫名的親切感！

Information 資訊情報站

地點：大嶼山赤鱲角
交通：搭乘地鐵港島線於中環站下
　　　車，於車站內沿著
　　　指標，轉搭機
　　　場快線直達
　　　機場。

美輪美奐的赤鱲角機場

　　1998年之前，香港民航機場啓德機場位於九龍市區，由於當時機場使用量已飽和，加上接近民居，因此新機場於1992年在大嶼山動工，1998年7月6日正式啓用，總面積12.5公里，造價約200億美元；香港國際機場曾獲得多個國際性獎項，在2001至2005年間連續5年獲「SKYTRAX」選為全球最佳機場獎，在「AETRA」2004年意見調查頒獎典禮中，獲頒全球最佳機場獎。

順便一遊。

昂平纜車

寶蓮寺

昂平‧寶蓮寺‧心經簡林

心經簡林

隨著國際機場的帶動，加上地鐵東涌線由中環直通到東涌新市鎮，交通的便利性大增，使得大嶼山近年增加了包括「迪士尼樂園」、「昂平市集」、「心經簡林」等景點，而就在2006年9月份，坐落於東涌與昂坪之間的「昂平360空中纜車」也隨之開幕，全長5.7公里，車程約20至25分鐘的纜車，沿途可以360度環繞欣賞「天壇大佛」、飽覽大嶼山郊野公園及東涌灣的園林山景，並遠眺香港機場及南中國海。

依傍著纜車總站而興建的「昂平市集」建築洋溢著中國古傳統風格，主題景點包括「與佛同行」、「靈猴影院」、「昂平茶館」等，由昂平市集可步行前往「寶蓮寺」，欣賞世界最大的戶外青銅坐佛──天壇大佛，大佛重量超過250公噸、高26米，由202塊銅片構成，於1993年開光啟用，電影《無間道》就是以這尊大佛引伸出全劇的精神。

另外由昂坪市集或天壇大佛步行20分鐘還可到達「心經簡林」，這是將「心經」刻在38條巨型木柱上，近似古時書於竹簡，每條木柱的高度和位置均配合山地勢安放，並依照經文順序排成橫向的「8」字，意味「無量」，在山坡上最高位置的一條木柱沒有刻字，象徵「空」，即為心經的要義所在。

純樸水鄉的蝦膏情緣 《大澳的天空》

大澳

香港也有一處好像威尼斯的地方，也許沒有像義大利般的浪漫美景，卻擁有相同的水鄉景色及愜意悠閒的鄉間步調。

香港的威尼斯

大澳位於大嶼山的最西端，由香港市區來此，乘地鐵到東涌站後換巴士約莫1個半小時，因此大部分的觀光客不會把此處列入預定行程。來到大澳的觀光客多半是外國人，因為大澳保有原始的漁村風貌，因此被譽為「香港的威尼斯」，漁船、水上屋、各式海味魚乾，對洋人來說特別有吸引力。

陰錯陽差
成就一段美好姻緣

由吳啓華、陳松伶、吳美珩、元華共同主演的港劇《大澳的天空》，全劇在此拍攝，故事敘述投資經理人方信哲（吳啓華），因為被主管陷害，讓客戶賠錢也丟了工作，打算自立門戶開投資公司，但手上資金不足，他想到父親在大澳有地，因此特地跑回大澳打算賣地籌錢，而他發現開設「蝦膏廠」的鄉主委石福根（元華）正好佔用到他父親的地皮，不過因為找不到證據證明，只好等待一位知道真相且失聯的老伯來解決這件事，加上他與模特兒女友淇淇（吳美珩）感情生變，只好搬回去大澳居住，期間與蝦膏廠老闆的女兒石開心（陳松伶）從友情發展成戀情！

景色怡人的水鄉風光

《大澳的天空》外景拍攝的足跡，遍佈大澳的每個地方，步行進入大澳街市，會先行經人行步橋，站在橋上就能看到橋下有許多用槳划行的小渡船，早期這是大澳居民的交通工具之一，因為橋下的沿岸有許多漁民居住的棚屋，但現在這種小渡船已經普遍發展為觀光用途，讓觀光客乘坐觀賞水鄉風光，因此劇中這座人行步橋成為主要場景。

可邊逛邊吃的海味小街

通過人行步橋即進入大澳街市，整條街賣的全是各式各樣的海味，有趣的是大澳的漁民將所有的漁獲全都曬成乾，花膠、鹹魚乾、蝦乾、螺乾等數十種海味，令人看得眼花撩亂，鹹魚、蝦膏、蝦乾、蝦醬都是大澳的特產，幾乎每位遊客都會買回去當手信，如果你不喜歡鹹魚，那蝦膏、蝦乾、蝦醬一定要買！陳松伶在《大澳的天空》中，家裡就是經營蝦膏廠，據賣蝦膏的小販說，蝦醬是用來炒東西，蝦膏味道較重適合拿來蒸東西；另外，在街市中隨處可見烤魷魚、蝦乾的小販，遊客可買來邊走邊吃，特別推薦「烤瀨尿蝦乾」、「鰻魚乾」，如果吃膩了海味想來點清淡的，那絕對不能放過「茶果」，「茶果」在大澳也是特色美食之一，口感有點像台灣的客家菜包，分成甜、鹹兩種，但內餡比客家菜包清爽，花生粉、眉豆兩種口味特別推薦。

大澳的地形與生活型態

　　「大澳」地形獨特，三面環山，大部分的腹地位處河岸，靠兩座人行步橋將兩岸連接，早期盛產鹽，也是「蜑民」捕漁聚集的地方，「蜑民」又稱為「蛋民」、「蛋家」與「龍民」，據傳屬南蠻之一，居南方沿海地區，以木船為家，以捕漁為業。由於大澳區域內河流交錯，因此許多漁民在河道上以鐵皮及木柱建起高高的「棚屋」，呈現特殊的漁村文化；2000年7月2日，一場大火摧毀了大澳90多間棚屋，是當地一大災難。

玩家 *Tips*

　　特別建議遊客由中環搭船到梅窩，直航需60分鐘，由梅窩搭巴士到大澳車程約50分鐘，除非你打算順便到「梅窩沙灘」遊玩，否則還是由中環搭地鐵到東涌換巴士，比較節省時間，將會減少30分鐘的車程。

Information 資訊情報站

地點：大嶼山最西端

交通：

1.由香港島中環港外線6號碼頭，搭乘往梅窩渡輪於大嶼山梅窩碼頭下船，在碼頭前的巴士總站，轉乘往大澳的巴士。

2.在地鐵港島線中環站轉乘東涌線地鐵於總站東涌下車，再步行到巴士總站轉乘往大澳的巴士。

探尋人間美味與真情 《美味情緣》

南丫島

南丫島是全香港第三大島，一個知名的休閒小島，同樣具有漁村與華洋交雜的特殊風情。

洋人最多的度假小島

　　由中環搭乘渡輪到此，也只要30分鐘，往來船班密集，成為許多在中環工作的洋人，週休二日的度假好去處，除此之外也因為這裡曾經住了許多在發電廠工作的外籍工程師，所以順理成章的成為最多洋人聚集的小島。

　　由於南丫島到中環只要30分鐘的船程，因此有許多住在島上的年輕人是每天往返市區的通勤族。島上的人口，大多居住在榕樹灣，而另一邊的索罟灣居民較少，因此大部分的遊客會直接在榕樹灣碼頭下船，由碼頭開始步行，便可欣賞到南丫島的美景，沒有高樓大廈，一片視野遼闊。在進入「榕樹灣大街」前有許多海鮮酒家林立，其中招牌非常醒目的是「民豐海鮮酒家」，就是港劇《美味情緣》中「百里鮮海鮮酒家」的取景處。

Information 資訊情報站

交通：搭乘地鐵港島線於中環站A出口，經行人天橋步行10分鐘到港外線4號碼頭搭乘渡輪，30分鐘可到達。

蠔油明蝦

糯米焗蟹煲

讓人大快朵頤的海鮮大餐

事實上南丫島的海鮮，真的如同《美味情緣》中一樣的美味，來到這裡沒有吃一頓海鮮大餐，實在太可惜了！像民豐海鮮酒家的四大名菜「糯米焗蟹煲」、「芝士焗龍蝦」、「椒鹽尿蝦皇」、「蒜茸牛油焗中蝦」非得品嘗不可，美味得讓你覺得不虛此行！

粉絲蒸瑤柱

如海鮮般百味雜陳的難忘劇情

《美味情緣》全劇在南丫島拍攝，以「百里鮮海鮮酒家」的起落做為全劇故事背景，碼頭、異國風味的餐廳及手工藝品店林立的榕樹灣大街、洪聖爺沙灘皆是貫穿全劇的主要場景，本為幼稚園老師的喬花枝（陳慧珊）隱瞞身分，跑到南丫島重新整頓父親留下來的「百里鮮」，與同父異母的弟弟江上遊（林峰）、父親的元配夫人，加上與天才又孤僻的廚師馬友（吳啟華）所延伸出來的情緣，劇中美味的食物、親情、友情、愛情的串連，如同品嘗過南丫島的海鮮大餐一般，千滋百味湧上心頭。

南丫島的概括

南丫島位於香港島的西南方，僅次於大嶼山、香港島，為全香港第3大島，舊稱「博寮洲」，全島居民約6,000多人，多住在北面地勢平坦的「榕樹灣」一帶，1970年香港經濟起飛，島上的年輕人皆到香港市區謀生，1990年香港電燈有限公司在島上西北部的菠蘿咀填海建立發電廠後，有較多的外籍工程師搬到島上居住，開始有西式餐廳、PUB誕生，雖然97之後，島上的洋人因工作證關係，漸漸離開，但中西文化的交雜的氣息依然不減，並成為南丫島的特色。

順便一遊。

港外線碼頭

到南丫島一定要在中環港外線碼頭搭渡輪，所有往香港離島的渡輪在此都設有碼頭，往南丫島在4號碼頭、大嶼山的梅窩及坪洲在6號碼頭、長洲在5號碼頭，由中環地鐵站步行到港外線碼頭，設有一條靠近海傍的休閒步道有花園景觀設計，也有行人坐椅，因此經常有港劇在此拍攝外景，尤其是往南丫島的4號碼頭入口。

跟著港劇遊香港

香港旅遊資訊。

香港是出國短程自由行的最佳選擇，想要一趟香港豐富的深度體驗，做好事前的資訊蒐集，你也可以成為香港旅遊達人。

牛池灣鄉
Ngau Chi Wan Village

牛池灣文娛中心
Ngau Chi Wan Civic Centre

公共廁所
Public Toilet

往西貢專線小巴
Minibus to Sai Kung

香港入境許可證

1.網路簽證

自2002年3月18日起，港簽多了快速又便捷的網路簽證申請方式，節省了很多時間。

1.申請資格：凡出生於台灣或大陸人士，持有6個月以上有效護照的旅客。

2.申請地點：可在台灣各地的旅行社辦理網上快簽手續。

3.申請手續：

a.只需將護照影本傳真給旅行社，旅行社將申請者的資料輸入香港入境事務處連線的電腦系統，如申請成功，在幾分鐘之內即可印出「網上快證通知單」，旅客可憑通知單立刻出發前往香港。

b.網上快證的使用期限為每人可於2個月內進入香港2次，每次停留天數14天，申請費用為港幣50元。

2.一般簽證

1.申請資格：申請者必須持6個月以上有效護照。

2.申請手續：持有效護照影本、身分證影本、2吋照片1張，交由台灣旅行社辦理，一般申請時間約為14個工作天，如果曾經申請過正式港簽，重新辦理時，必須連同舊港簽一同交給旅行社。

3.港簽種類：

1.單次入境，費用港幣150元。

2.1年多次入境，費用港幣270元。

3.3年多次入境，費用港幣540元。

http://www.immd.gov.hk香港入境事務處

香港旅遊資料查詢

遊客抵達香港後，如想進一步查詢香港的旅遊資訊，或索取香港旅遊資訊介紹手冊、登記免費搭乘「鴨靈號」，可向「香港遊客諮詢及服務中心」櫃檯洽詢，在香港共有3個櫃台。

1.香港國際機場內
位於入境大堂轉機區E2緩衝區，開放時間為每日07:00~23:00
2.尖沙咀天星碼頭內
位於天星碼頭入閘口旁，開放時間為每日08:00~18:00
3.中環中心內
中環皇后大道中99號中環中心1樓，開放時間為每日08:00~18:00

訪港旅客注意事項

1. 台幣在香港兌換不方便，請先在台灣兌換好港幣，台灣桃園國際機場可兌換。
2. 香港當地香菸價格極高，每包由台幣120元起跳，因此建議在桃園機場時可先於免稅商店購買，台灣人入境香港可帶免稅香菸200支或雪茄50支或菸草250克及酒類1公升。

入境香港注意事項

1. 香港機場佔地廣闊，由匣口下機後，有時需搭乘免費捷運列車前往入境大廳，約1分鐘一班，下車之後跟著指標走，就能到達入境處辦理入境手續。
2. 如需辦理台胞證加簽者請前往27號匣口旁，費用為150元港幣，不接受信用卡及台幣，服務時間到22:00，查詢電話002-852-22612062。
3. 辦完入境手續，請跟著指標前往領取託運行李，領取完畢即步行前往接機大堂，在進入接機大堂前會途經「香港旅遊局遊客諮詢櫃台」，遊客可在此處免費洽詢或索取香港旅遊資訊手冊或登記免費搭乘「鴨靈號」遊維多利亞港。

機場與市區往來交通

由機場前往香港市區的交通工具包括機場快線鐵路、巴士、計程車，旅客進入接機大堂後，沿著指標即可前往你想要搭乘的交通工具搭車處。

1.機場快線

由機場到中環只需23分鐘，共有4個站，途經青衣站、九龍站，每10分鐘一班車，行駛時間為05:50至01:15，是由機場與香港市區往來最快速的交通工具。

機場快線班次表					
由機場開往市區			由市區開往機場		
開出站名	首班車	末班車	開出站名	首班車	末班車
機場	05:54	00:48	香港	05:50	00:48
青衣	06:06	01:00	九龍	05:53	00:51
九龍	06:15	01:07	青衣	06:00	00:58

機場快線車費列表（港幣）			
票種站名	成人（包括65歲或以上長者）		兒童（3~11歲）
	單程及當日來回	來回車票	單程及當日來回
香港站－機場站	$100	$180	$50
九龍站－機場站	$90	$160	$45
青衣站－機場站	$60	$110	$30
遊客八達通	1. 220元（包含一次單程機場快線及三天無限次乘搭地鐵）		
三天香港乘車證	2. 300元（包含來回機場快線及三天無限次搭乘地鐵）		

※建議前往香港自由行的遊客，可購買「遊客八達通三天香港乘車證」，非常划算！可在機場接機大堂的「機場快線」櫃台購買機場快線、八達通車票（可用信用卡）

2.機場快線與酒店穿梭巴士

當你搭乘機場快線到達香港站或九龍站可憑當天機票、登機證、機場快線車票、八達通或機場快線車票換領券免費搭乘往來機場快線站及酒店的免費穿梭巴士，行駛時間為每天06:00~23:00，平均20~30分鐘一班，不過不是全港的酒店都有與機場快線配合穿梭巴士，請參閱以下的穿梭巴士路線表。

機場快線與酒店穿梭巴士			
由香港站出發			
路線	行經地點	路線	行經地點
H1	港島香格里拉大酒店 港麗酒店 太古廣場 萬豪酒店 港島皇悅酒店 港麗海景酒店 香港會議展覽中心	H2	香港華美粵海酒店 世紀香港酒店 香港怡東酒店 富豪香港酒店 柏寧酒店 六國酒店

由九龍站出發					
路線	行經地點	路線	行經地點	路線	行經地點
K1	地鐵佐敦站 紅磡火車站 黃埔花園 海逸酒店 都會海逸酒店	K3	九龍酒店 凱悅酒店 朗廷酒店 皇家太平洋酒店 中國客運碼頭	K5	香港金域假日酒店 百樂酒店 美麗華酒店 諾仕酒店 九龍皇悅酒店 龍堡國際
K2	馬哥孛羅太子酒店 馬哥孛羅港威酒店 馬哥孛羅香港酒店 喜來登酒店 九龍尖東火車站	K4	新世界萬麗酒店 富豪九龍酒店 香港日航酒店 海景嘉福酒店 九龍香格里拉酒店		

3.市區預辦登機服務

離港旅客可在機場快線香港站、九龍站，在登機前一天至航班起飛前90分鐘，於站內的航空公司櫃台預先辦理登機及行李託運手續，提供此服務的航空公司包括中華、港龍、國泰、泰航、南非、越南、瑞士及新加坡航空公司。（服務時間05:30~00:30）

4.巴士

抵港旅客如欲搭乘巴士前往市區，可由接機大堂抵港層往右方緩坡道步行走出機場至巴士總站，請先參考巴士編號及前往地區的指示牌，選擇你要搭乘的巴士路線後，再依指示步行至上車處。

往來機場及市區的巴士路線			
A線及P線（行駛時間：06:00~00:00）			
路線	目的地	服務時間	票價（港幣）	經營公司
---	---	---	---	---
A11	北角碼頭	06:10~24:00	40	城巴
A12	小西灣	06:00~24:00	45	城巴
A21	紅磡火車站	06:00~24:00	33	城巴
A22	藍田地鐵站	06:00~24:00	39	城巴
A31	荃灣（愉景新城）	06:00~24:00	17	龍運
A33	屯門（富泰）	16:45~19:45	25	龍運
A41	沙田（愉翠苑）	16:00~24:00	20	龍運
A41P	馬鞍山（耀安）	07:05~24:00	25	龍運
A43	粉嶺	07:00~24:00	28	龍運
A35	梅窩	06:30~00:15	週一至六14 週日及假日23	新大嶼山巴士
P12	小西灣	17:35及17:55 每日只有兩班	45	城巴

E線 （行駛時間06:00~00:00）				
路線	目的地	服務時間	票價（港幣）	經營公司
E11	天后地鐵站	05:20~24:00	21	城巴
E21	大角咀	05:30~24:00	14	城巴
E22	藍田（北）	05:30~24:00	18	城巴
E22P	藍田（北）	17:35、17:55、18:15每日三班	18	城巴
E22A	將軍澳（寶琳）	07:00~23:40	24	城巴
E23	彩虹	05:30~24:00	18	城巴
E32	葵芳地鐵站	05:30~24:00	10	城巴
E33	屯門市中心	05:30~24:00	13	龍運
E34	天水圍市中心	05:30~24:00	13	龍運
E41	大埔頭	05:30~24:00	13	龍運
E42	沙田（博康）	05:30~24:00	13	龍運
N線 （行駛時間00:00以後）通宵巴士				
路線	目的地	服務時間	票價（港幣）	經營公司
N11	銅鑼灣	00:15~04:45	31	城巴
N21	尖沙咀天星碼頭	00:20~05:20	23	城巴
N23	慈雲山	00:15、01:10 每日兩班	23	城巴
N26	油塘	00:20每日一班	23	城巴
N29	將軍澳（寶琳）	00:15、0110 每日兩班	24	城巴
N30	元朗（東）	00:20、05:00 每日兩班	26	龍運
N31	荃灣（愉景新城）	00:20~05:00	20	龍運
N35	梅窩	01:30~05:00	週一至週六20 週日及假日30	新大嶼山巴士
N42	馬鞍山（耀安）	00:20每日一班	25	龍運

日常生活

1.氣候

香港與台灣氣候差不多，夏季較多，晝長夜短，通常7點之後才天黑。

夏天為颱風季，天文台（氣象局）發出的警報訊號分為5種，暴雨警報有黃、紅、黑3種指標，如果懸掛8號、10風球或黑色暴雨警報，通常市民就會停止上班上課。

2.語言

官方語言為粵語及英語，97之後開始通行普通話（國語），公共運輸系統的廣播目前都會播放粵語、英語、普通話3種，現今香港服務業包括酒店、商場、餐廳、遊客服務等皆通行普通話。

3.貨幣

香港法定貨幣硬幣面額分為10元、5元、2元、1元、50分、20分、10分；紙鈔面額分為1000元、500元、100元、50元、20元、10元，匯兌利率約為4左右，但每日利率上下會有所變動，請參閱銀行公告的利率。

　　港幣可於機場、香港各銀行或酒店服務台兌換,市區會有一些兌換外幣的專門店,不過建議遊客最好是在機場、銀行兌換比較好,特別提醒由台灣到香港的旅客,香港機場及銀行不接受台幣,因此最好在台灣的機場或銀行先行兌換。

4.電話

　　香港的家用或商用電話網路,當地電話通話收費不以通話總時間計算,因此通常酒店大廳、餐廳、茶樓、超市內都設有電話可免費使用;街上公共電話,當地通話最低收費為平均港幣1元5分,國際電話3元30分,公共電話可投入1元、2元、5元、10元硬幣,在便利商店可購買電話卡,分為磁帶式、晶片式兩種。

　　撥打電話回國方式:

　　001+國碼+區域碼+電話號碼

　　例如由香港打電話回台灣台北,001-886-2-電話號碼、001-886-手機號碼(手機號碼第1碼0去除)。

5.電壓

　　香港電壓是200至220V,電源插座是三腳方型,可在出國前購買轉接頭,通常住宿酒店會免費提供轉接頭。

市區交通

在香港市區旅遊請購買「八達通」，如同台灣的「悠遊卡」，讓你在全港暢行無阻，八達通為智慧儲值卡，只要在入匣口輕觸收費器，就可即時扣款，並同時顯示餘額，八達通可適用於地鐵、巴士、小巴、鐵路、渡輪、電車、纜車、輕鐵。

購買地點：各地鐵票務處、機場快線站客務中心、九龍鐵路站票務處。

儲值方法：地鐵票務站或增值機、7-11及OK便利商店、美心快餐店。

八達通價目表（港幣）			
種類	押金	儲值	售價
成人	50	100	150
孩童	50	20	70
長者	50	70	70

遊客八達通票種（遊客適用）		
票種	費用（港幣）	內容
三天乘車證	220元	1次單程機場快線+三天無限次搭乘地鐵
	300元	來回機場快線+三天無限次搭乘地鐵
一天乘車證	50元	一日內無限次搭乘地鐵
電車小輪四日證	50元	無限次搭乘港島電車及往來中環與尖沙咀天星小輪（於中環碼頭購買）

八達通的押金可退還，離港旅客可於上機前於香港各地鐵、機場快線站、九龍鐵路站的票務處辦理八達通退押金。

1.地鐵

地鐵是香港自由行必乘的便利交通工具，班次往來密集又快速，路線覆蓋九龍半島、香港島北部、東西九龍、將軍澳新市鎮、東涌新市鎮，通常香港市區內重要的地點、辦公大樓、景點、購物中心都有地鐵到達，旅客可搭乘地鐵轉乘巴士暢遊全香港。

香港地鐵公司http://www.mtr.com.hk

地鐵路線圖 ━━ MRT System Map ━━

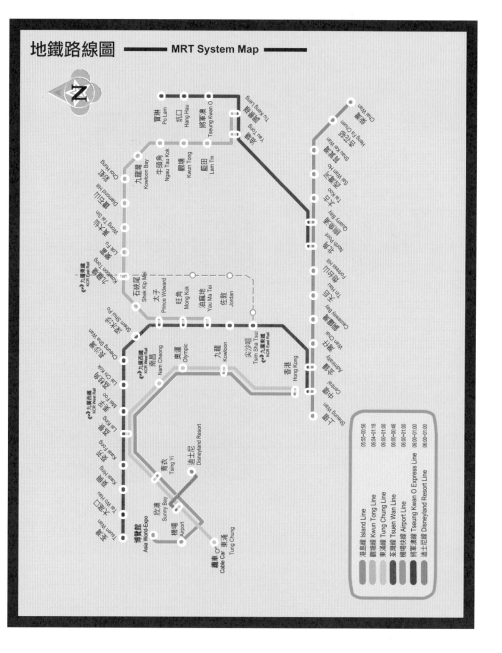

港島線 Island Line	05:55–00:56
觀塘線 Kwun Tong Line	06:04–01:18
東涌線 Tung Chung Line	06:00–01:00
荃灣線 Tsuen Wan Line	06:00–00:46
機場快線 Airport Line	06:00–01:00
將軍澳線 Tseung Kwan O Express Line	06:00–01:00
迪士尼線 Disneyland Resort Line	06:00–01:00

2.公共巴士

香港共有300多條巴士路線，主要由九龍巴士公司（九巴）、新世界第一巴士公司（新巴）及城市巴士公司（城巴）分別經營，九巴經營路線以九龍及新界為主，新巴主要路線則是香港島。

由於香港巴士路線非常多而且許多重複，因此遊客在香港搭乘巴士可以用巴士站牌顏色及編號來分類，九巴為紅色、新巴為橙色、城巴為黃色，編號開頭有「M」字母，代表起點或終點在地鐵附近，「K」字母代表起點及終點在九廣鐵路附近，「N」字母為通宵巴士，「A」字母為前往機場巴士，「X」字母即代表快捷巴士，停靠站較少。

城市巴士
http://www.citybus.com.hk/
九龍巴士
http://www.kmb.com.hk/
新世界第一巴士
http://www.nwfb.com.hk/

3.公共小巴

小巴體積比較小，只有16個座位，分紅色及綠色兩種，紅色小巴為私人經營，在特定的路線中可自由選擇下車位置，採下車收費；綠色小巴為專線小巴，有特定路線及特定停靠站，採分段收費或統一收費，上車付費，如果要下車只要提前告訴司機即可。

4.九廣鐵路

九廣鐵路於1910年通車,是連結香港及大陸的主要大型交通工具,由尖沙咀紅磡站至與深圳接壤的羅湖,全長34公里,途經13個車站,從2004年10月開始,九廣鐵路將路線由紅磡延伸至尖東,欲由香港前往新界的遊客,可直接搭地鐵在尖沙咀站下車,步行地下道接到九廣鐵路尖東站上車即可。九廣鐵路http://www.kcrc.com/

5.香港島電車

香港島電車於1904年開始行駛,是外地遊客可搭乘的特色交通工具,電車只行駛於香港島北部,由筲箕灣至堅尼地城,全長13公里,約50分鐘。(詳細介紹及路線圖請參閱第16頁)

電車路程所需時間表					
到達 / 出發	上環街市	銅鑼灣	跑馬地	北　角	筲箕灣
堅尼地城	23分鐘	55分鐘	60分鐘	70分鐘	80分鐘
上環街市	-	35分鐘	40分鐘	50分鐘	58分鐘
跑馬地	40分鐘	5分鐘	-	35分鐘	42分鐘
銅鑼灣	35分鐘	-	5分鐘	15分鐘	25分鐘
北角	50分鐘	15分鐘	35分鐘	-	15分鐘

電車班次 (以下時間僅作參考,會因交通狀況而改變)				
	方向	星期一至五	星期六	星期日及公眾假日
堅尼地城	東行	05:10~23:54	05:07~23:57	05:12~23:54
上環街市	東行	06:00~00:02	06:01~00:00	06:13~00:02
跑馬地	東行	06:34~23:10	06:34~23:10	06:34~23:10
	西行	05:59~00:37	06:00~00:40	06:04~00:37
北角	西行	06:07~23:17	05:20~23:17	06:07~23:17
筲箕灣	西行	05:58~23:55	05:58~23:36	05:56~23:36

6.山頂纜車

為前往太平山頂的登山電車，1888年開始行駛，由中環花園道山頂纜車站直通至太平山頂，可一覽港島半山、維多利亞港及九龍半島的景色，全長1.4公里。（詳細介紹、前往方法、收費請參閱第46頁）

7.天星小輪

天星小輪從1898年開航，在海底隧道尚未通車前是往來香港島與九龍半島的唯一交通工具，雖然現今已有地鐵及海底隧道可連接，但如果想觀賞維多利亞港景色，搭乘天星小輪是最好的方式，建議遊香港旅客一定要在夜間搭乘天星小輪觀賞維港夜景，香港共有三個天星碼頭包括「尖沙咀」、「中環」、「灣仔」。

香港天星小輪http://www.starferry.com.hk/

天星小輪航行表			
航線	航程	服務時間	費用（港幣）
尖沙咀－中環	7~10分鐘	06:30~23:30	上層2.2元　下層1.7元
尖沙咀－灣仔	7~10分鐘	尖沙咀－灣仔07:30~22:50 灣仔－尖沙咀07:30~23:30	2.2元

8.的士（計程車）

香港的計程車分成三種顏色，紅色、綠色、藍色。

香港計程車路線及收費					
車種	覆蓋路線	費用（港幣）			
		起跳2公里內	以後 每0.2公里	每分鐘 等候時間	行李廂 放行李
紅色	香港島、九龍、新界	15元	1.4元	1.4元	每件5元
綠色	新界	12.5元	1.2元	1.2元	每件4元
藍色	大嶼山	12元	1.2元	1.2元	每件4元

行經海底隧道加收20元港幣、東區海底隧道加收30元港幣、西區海底隧道加收50元港幣。

港劇生活用語快譯通

生活類

廣東話	普通話	廣東話	普通話
扭計	鬧彆扭	麻麻地	馬馬虎虎
早晨	早安	大頭蝦	粗心大意
多士	吐司	盲塞	頑固
醒目	機靈	拉埋天窗	結婚
收聲	閉嘴	帶契	提攜
大曚	糊塗	散紙	零錢
硬頸	脾氣很硬	行街	逛街
造馬	做弊	鬼鬼鼠鼠	鬼鬼祟祟
乞人憎	討人厭	講大話	說謊
打尖	插隊	夾埋	串通
基佬	男同性戀	激死人	氣死人
俾人飛	被人拋棄	衰人	壞人；心地不好的人
煲電話粥	講電話講很久	老友記	老朋友
三不識七	非親非故	巴閉	逞威風、驕傲
車大炮	吹牛	扼人	騙人
黐線	神經病	返屋企	回家
縮骨遮	折傘	打遮	撐傘
師奶	已婚婦女	後生仔	後生晚輩
俾心機	用心	好平	很便宜
蝕底	吃虧	著數	好處
撞彩	碰運氣	好彩	好運

廣東話	普通話	廣東話	普通話
加人工	加薪	出糧	發薪資
返工	上班	二打六	三、四流角色
陰功	可憐	核突	很噁心
肉酸	很難看	搏矇	吃豆腐（佔便宜）
早抖	晚安（早點睡）	長氣	囉嗦、嘮叨
吊頸都要抖下氣	上吊也要喘口氣	唔衰攞來衰	自找麻煩
毛管凍	起雞皮疙瘩	抵死	活該
收科	收拾殘局	牙擦	牙刷
鬼馬	古靈精怪	得意	有趣
花花	嘴巴很甜	寫字樓	辦公室
夾萬	保險箱	搵食艱難	討生活不容易
沖涼	洗澡	劏豬凳（指女性）	掃把星
唔出奇	沒什麼好奇怪	嘥氣	浪費力氣
手信	禮物	頂唔順	令人受不了
出番啖氣	出口氣	話事人	可做主的人
穿煲	露餡兒	食死貓	吃啞巴虧
大件事	事情很嚴重	攪攪震	瞎攪亂

飲食類

廣東話	普通話	廣東話	普通話
多士TOAST	吐司	多士烘底	烤吐司
西多士	法式吐司	布甸	布丁
士多啤梨 STRAWBERRY	草莓	雲呢拿VANILLA	香草
曲奇COOKIE	小西點	瑤柱	干貝
意粉	義大利麵	通粉	通心粉
粟米	玉米	墨魚丸	花枝丸
糖水	甜品	生果	新鮮水果
烏冬	烏龍麵	三文魚	鮭魚
吞拿魚	鮪魚	豬扒	豬排
豉油	醬油	啫喱	果凍
提子	葡萄	車哩子CHERRY	櫻桃
雞脾	雞腿	雞翼	雞翅膀
豬膶	豬肝	腸仔	熱狗
牛柏葉	牛肚	豬紅	豬血
打邊爐	吃火鍋	大食會	聚餐
斬料	加菜	油炸鬼	油條
忌廉CREAM	奶油	南乳	豆腐乳
白灼	汆燙	上湯	高湯
豬脷	豬舌頭	芝士CHEESE	起士
瀨粉	粗米粉	蛋治	雞蛋三明治

稱謂類

廣東話	普通話	廣東話	普通話
老竇	爸爸	大佬	大哥
細佬	弟弟	家姊	姊姊
奶奶	婆婆（丈夫的媽媽）	老爺	公公（丈夫的爸爸）
外父	岳父	阿爺	爺爺（祖父）
阿嬤	奶奶（祖母）	姑姊	姑姑
新抱	媳婦	契爺	乾爹

穿著類

廣東話	普通話	廣東話	普通話
大褸	大衣	底衫	內衣
冷衫	毛衣	手襪	手套
日日新花款	每天都有新款上市	打呔	打領帶
波鞋	球鞋	直身裙	連身裙

交通類

廣東話	普通話	廣東話	普通話
揸車	開車	交通燈	紅綠燈
電單車	機車	抄牌	開罰單
白車	救護車	死火	拋錨

專業類

廣東話	普通話	廣東話	普通話
警察			
差館	警察局	師兄	警察對警察的稱呼
沙展（SERGEANT）	警官	O記	三合會及有組織罪案調查科
收料	向線人蒐集情報	隱仔	內賊
軍裝	穿制服的警察	人蛇	偷渡客
拉人	警察捉人	大耳窿	高利貸
律師			
大狀	大律師	御用大狀	資深大律師
法援	法律援助處		

朱雀文化 和你快樂品味生活

EasyTour 新世代旅行家

EasyTour001　省錢遊巴黎　劉文雯著 定價220元
EasyTour002　省錢遊北海道　謝坤潭著 定價299元
EasyTour003　到東京逛街　劉文雯、黃筱威著 定價250元
EasyTour004　東京台北逛雜貨　黃筱威著 定價250元
EasyTour005　花小錢遊香港——扮美美&吃好吃 孫玉銘著 定價250元
EasyTour006　京阪神——關西吃喝玩樂大補帖（2006年口碑修訂版） 希沙良著 定價299元
EasyTour007　花小錢遊韓國——與韓劇場景浪漫相遇 黃淑綾著 定價299元
EasyTour008　東京恰拉——就是這些小玩意陪我長大 葉立莘著 定價299元
EasyTour009　花小錢遊新加坡——女性、學生、親子的新天堂樂園 孫玉銘著 定價249元
EasyTour010　迷戀巴里島——住Villa、做SPA 峇里島小婦人著 定價299元
EasyTour011　背包客遊泰國——曼谷、清邁最IN玩法 谷喜筑著 定價250元
EasyTour012　西藏深度遊　愛爾極地著 定價299元
EasyTour013　搭地鐵遊倫敦——超省玩樂秘笈大公開！ 阿不全著 定價280元
EasyTour014　洛杉磯吃喝玩樂　溫士凱著 定價299元
EasyTour015　舊金山吃喝玩樂　溫士凱著 定價299元
EasyTour016　無料北海道　王水著 定價299元
EasyTour017　東京！流行——六本木、汐留等最新20城完整版 希沙良著 定價299元
EasyTour018　紐約吃喝玩樂——慾望城市玩透透超完美指南 溫士凱著 定價320元
EasyTour019　狠愛土耳其——地中海最後秘境 林婷婷 馮輝浩著 定價320元
EasyTour020　香港HONG KONG——好吃、好玩，真好買 王郁婷 吳永娟著 定價250元
EasyTour021　曼谷BANGKOK——好吃、好玩，泰好買 溫士凱著 定價299元
Traveller01　第一次旅行去新加坡 黃翊雯著 定價199元
EasyTour020　香港HONG KONG——好吃、好玩，真好買（2007年口碑修訂新增版） 王郁婷、吳永娟 著 定價250元

TOP25 週休二日台灣遊

Top25001　博物館在地遊 賴素鈴著 定價299元
Top25002　玩遍新台灣 羅子青著 定價299元
Top25003　吃吃喝喝遊廟口 黃麗如著 定價299元

FREE 定點優遊台灣

FREE001　貓空喫茶趣——優游茶館·探訪美景/黃麗如著、葉隆龍攝影 黃麗如著 特價149元
FREE002　北海岸海鮮之旅——呷海味·遊海濱 李旻著 特價199元
FREE003　澎湖深度遊 林慧美著 定價299元
FREE004　情侶溫泉——40家浪漫情人池&精緻湯屋 林慧美著 定價148元
FREE005　夜店——Lounge bar·Pub·Club 劉文雯著 定價149元
FREE006　懷舊——復古餐廳·酒吧·柑仔店 劉文雯著 定價149元
FREE007　情定MOTEL——最HOT精品旅館 劉文雯著 定價149元
FREE008　戀人餐廳——浪漫餐廳、激情Lounge Bar、求婚飯店 劉文雯、蔣文宜、黃傑德著 定價149元
FREE009　大台北·森林·步道——台北郊山熱門踏青路線 Tony黃育智著 定價220元
FREE010　大台北·山水·蒐秘——尋找台北近郊桃花源 Tony黃育智著 定價220元

LIFESTYLE 時尚生活

LifeStyle001　築一個咖啡館的夢 劉大紋等著 定價220元
LifeStyle002　買一件好脫的衣服 季衣著 定價220元
LifeStyle003　開一家自己的個性店 李靜宜等著 定價220元
LifeStyle004　記憶中的味道 楊明著 定價200元
LifeStyle005　我用一杯咖啡的時間想你 何承穎著 定價220元
LifeStyle006　To be a 模特兒 藤野花著 定價220元
LifeStyle007　愛上麵包店——魅力麵包店88家 黃麗如著 定價280元

北市基隆路二段13-1號3樓　http://redbook.com.tw　TEL：2345-3868　FAX：2345-3828

LifeStyle008　10萬元當頭家——22位老闆傳授你小吃的專業知識與技能 李靜宜著 定價220元
LifeStyle009　百分百韓劇通——愛戀韓星韓劇全記錄 單莉著 定價249元
LifeStyle010　日本留學DIY——輕鬆實現留日夢想 廖詩文著 定價249元
LifeStyle011　風景咖啡館——跟著咖啡香，一站一站去旅行 鍾文萍著 定價280元
LifeStyle012　峇里島小婦人周記 峇里島小婦人著 定價249元
LifeStyle013　去他的北京 傅主席著 定價250元
LifeStyle014　愛慾·秘境·新女人 麥慕貞著 定價220元
LifeStyle015　安琪拉的烘焙廚房——安心放手做西點 安琪拉著 定價250元
LifeStyle016　我的夢幻逸品——絕對挑起你購買慾望的風格小物 鄭德音、李小敏、郝喜每著 定價250元
LifeStyle017　男人的堅持 PANDA著 定價250元
LifeStyle018　尋找港劇達人——經典＆熱門港星港劇全記錄 羅生門著 定價250元
LifeStyle019　旅行，為了雜貨——日本·瑞典·台北·紐約私房探路 曾欣儀著 定價280元

MAGIC 魔法書

Magic001　小朋友髮型魔法書 高美燕著 定價280元
Magic002　漂亮美眉髮型魔法書 高美燕著 定價250元
Magic003　化妝初體驗 藤野花著 定價250元
Magic004　6分鐘泡澡瘦一身——70個配方，讓你更瘦、更健康美麗 楊錦華著 定價280元
Magic005　美容考照教室——丙級美容技術士考照專書 林佳蓉著 定價399元
Magic006　我就是要你瘦——326公斤的真實減重故事 孫崇發著 定價199元
Magic007　精油魔法初體驗——我的第一瓶精油 李淳廉編著 定價230元
Magic008　花小錢做個自然美人——天然面膜、護膚護髮、泡湯自己來 孫玉銘著 定價199元
Magic009　精油瘦身美顏魔法 李淳廉編著 定價230元
Magic010　精油全家健康魔法——我的芳香家庭護照 李淳廉著 定價230元
Magic011　小布花園LOVE！BLYTHE 黃愷縈著 定價450元
Magic012　開店省錢裝修王——成功打造你的賺錢小舖 唐芩著 定價350元
Magic013　費莉莉的串珠魔法書——半寶石·璀璨·新奢華 費莉莉著 定價380元
Magic014　一個人輕鬆完成的33件禮物 金一鳴、黃愷縈著 定價280元
Magic015　第一次開張我的部落格 蕭敦耀著 定價169元
Magic016　開店裝修，省錢＆賺錢123招！——成功打造金店面，老闆必修學分 唐芩著 定價350元

PLANT 花葉集

PLANT001　懶人植物 唐芩著 定價280元
PLANT002　吉祥植物 唐芩著 定價280元
PLANT003　超好種室內植物 唐芩著 定價280元
PLANT004　我的香草花園 唐芩著 定價280元
PLANT005　我的有機菜園——自己種菜自己吃 唐芩著 定價280元
PLANT006　和孩子一起種可愛植物——打造我家的迷你花園 唐芩著 定價280元

HANDS 手作生活

HANDS001　我的手作生活——來點創意，快樂過優雅生活 黃愷縈著 定價280元
HANDS002　自然風木工 DIY——輕鬆打造藝術家小窩 王宏亨著 定價320元
HANDS003　一天就學會鉤針 王郁婷著 定價250元
HANDS004　最簡單的家庭木工——9個木工達人教你自製家具 覃嘉惠譯 定價280元
HANDS005　我的第一本裁縫書——1天就能完成的生活服飾·雜貨 真野章子著、覃嘉惠譯 定價280元

MY BABY 親親寶貝

MY BABY001　媽媽的第一本寶寶書——0～4歲育兒寶典 金永勳著 定價580元
MY BABY002　懷孕·生產·育兒大百科——媽媽必備，最安心的全紀錄 高在煥著 定價680元
MY BABY003　第一次餵母乳 黃資裡、陶禮君 著 定價320元

Lifestyle 020

跟著港劇遊香港——
熱門＆經典場景全記錄
羅生門 著 -- 臺北市：朱雀文化
2007〔民96〕
面； 公分. --（Lifestyle；20）
ISBN 978-986-7544-90-2（平裝
1. 香港特別行政區 - 描述與遊
733.89　　　　　950251

跟著港劇遊香港

熱門&經典場景全記錄

作 者	羅生門
文字編輯	郭珮蓉
文字校對	余素維
美術編輯	鄭雅惠
發 行 人	莫少閒
出 版 者	朱雀文化事業有限公司
地 址	台北市信義區基隆路二段13-1號3樓
電 話	02-2345-3868
傳 真	02-2345-3828
劃撥帳號	19234566朱雀文化事業有限公司
E-Mail	redbook@ms26.hinet.net
網 址	http://redbook.com.tw
總 經 銷	展智文化事業股份有限公司
ISBN10碼	986-7544-90-0
ISBN13碼	978-986-7544-90-2
出版一刷	2007.01
定 價	250元

本書部分圖片由：
電視廣播（國際）有限公司、弘音多媒體科技股份有限公司、
香港旅遊發展局提供

出版登記北市業字第1403號

About買書

●書店：朱雀文化圖書在北中南各書店及誠品、金石堂、何嘉仁、墊腳石、諾貝爾、法雅客等連鎖書店均有販售，如欲購買本公司圖書，建議您直接詢問書店店員，如果書店已售完，請撥本公司經銷商北中南區服務專線洽詢。北區（02）2250-1031 中區（04）2426-0486 南區（07）349-7445。
●●網路：上博客來網路書店（http://www.books.com.tw），在全省7-ELEVEN取貨付款。上金石堂網路書店（http://www.kingstone.com.tw）購書，可在全省全家、萊爾富、OK、福客多取貨付款。
●●●至郵局劃撥（戶名：朱雀文化事業有限公司，帳號：19234566），
掛號寄書不加郵資，4本以下無折扣，5～9本95折，10本以上9折優惠。
●●●●親自至朱雀文化買書可享9折優惠。